OECD 책임 있는 인공지능(AI) 실사 지침

OECD
BETTER POLICIES FOR BETTER LIVES

이 보고서는2026년 1월 26일 디지털정책위원회(DPC)와 투자위원회(IC)의 승인과 함께 공개가 허용되었다.

본 문서 및 내부에 포함된 데이터 및 지도는 특정 지역의 상태나 통치권, 또는 국제적 국경이나 경계에 대한 한계 결정, 또는 특정 지역, 도시, 영역의 명칭에 대한 권리를 침해하지 않습니다.

이 출판물을 다음과 같이 인용하십시오:
OECD (2026), *OECD 책임 있는 인공지능(AI) 실사 지침*, OECD Publishing, Paris, https://doi.org/10.1787/bc255454-ko.

ISBN 978-92-64-65147-0 (인쇄)
ISBN 978-92-64-85856-5 (PDF)
ISBN 978-92-64-45260-2 (HTML)

원제: OECD (2026), *OECD Due Diligence Guidance for Responsible AI*, OECD Publishing, Paris, https://doi.org/10.1787/41671712-en.
원 저작물과 번역본 간에 차이가 발생할 시에는, 원 저작물의 문구만이 타당한 것으로 간주된다.

사진 출처: 커버 © Vladimir_Timofeev/Getty Images.

경제협력개발기구 출판물의 정오표는 다음 웹 사이트에서 찾을 수 있습니다. https://www.oecd.org/en/publications/support/corrigenda.html.

서문

AI 의 개발은 산업혁명이나 인터넷의 등장에 비견될 정도로 사회를 변화시킬 잠재력을 지니고 있다. AI 는 단순한 점진적 진보를 넘어, 생산성을 향상시키고 경제적 가치를 창출하며, 보건의료, 제조업, 물류관리 및 공공행정 등 다양한 분야에서 복잡한 과제를 해결할 수 있는 변혁적 기술이다. 이러한 긍정적인 잠재력을 활용하기 위해 OECD 는 AI 의 기회를 확대하는 한편, 부정적 영향의 위험을 해결하는 책임 있는 AI 에 관한 균형 잡힌 접근방식을 제시한다.

2024 년 5 월 개정된 「인공지능에 관한 이사회 권고 (이하 “AI 원칙”)」가 채택된 이후, OECD 각료이사회는 디지털정책위원회(DPC)에 인공지능 거버넌스 실무작업반(AIGO)을 통해 “이 권고를 바탕으로 인공지능 관련 중요한 작업을 계속 추진할 것”과 “이 권고의 이행을 위한 실무 지침을 추가로 개발하고 지속적으로 개정 및 보완할 것”을 지시했다. AI 원칙은 사람과 지구에 이로운 결과를 지원할 수 있는 AI 의 긍정적 잠재력을 인정한다. 또한 AI 원칙은 혁신을 촉진하는 동시에, 위험을 해결하는 원칙과 정책 가이드라인을 수립함으로써 신뢰할 수 있는 AI 시스템을 위한 생태계 조성을 촉진한다.

아울러, 2023 년 개정된 「OECD 다국적기업 기업책임경영 가이드라인 (이하 “다국적기업 가이드라인”)」은 “기술 혁신이 모든 부문에서 생산성을 증진시키는 한편, 기업이 실사를 수행하고 지속가능한 발전에 기여할 수 있는 능력 또한 향상시켰다”고 명시한다. 다국적기업 가이드라인은 “생산성 증가와 일자리 창출 등, 기술의 발전이 경제 전반에 미치는 효과”를 실현하는 데에도 중요하다는 것을 인정한다. 또한 다국적기업 가이드라인은 기업이 과학, 기술 및 혁신과 관련된 실제 및 잠재적인 부정적 영향에 대해 위험 기반 기업책임경영(Responsible Business Conduct) 실사를 수행할 것을 요구한다.

이 지침은 기업이 다국적기업 가이드라인과 AI 원칙을 모두 이행하는 데 도움이 되도록 마련되었다. 이 지침은 AI 시스템 가치사슬에 관여하는 다국적기업, 즉 AI 개발을 위한 투입요소를 제공하거나, AI 시스템 생애주기에 적극적으로 참여하거나, 모든 산업 분야에서 자사의 운영, 제품 및 서비스에 AI 시스템을 사용하는 기업을 위한 실무 도구로 기능한다.

이 프로젝트는 DPC 가 AIGO 를 통해, 그리고 투자 위원회(IC)가 기업책임경영 실무작업반(WPRBC)을 통해 공동으로 총괄한다. 이 지침은 OECD.AI 위험 및 책임성 전문가 그룹(OECD.AI Expert Group on Risk & Accountability)의 작업을 기반으로 한다. 이 전문가 그룹은 정부, 시민사회, 근로자 대표, 그리고 AI 공급망 전반의 대기업 및 중소기업을 포함한 100 명 이상의 대표로 구성되어 있다. 또한 이 지침은 시민정보사회자문위원회(CSISAC), OECD Watch, 노동조합자문위원회(TUAC) 및 OECD 경제산업자문위원회(BIAC)의 검토와 피드백을 상당 부분 반영하여 작성되었다.

목차

그림

표

박스

요약

이 지침은 기업의 다국적기업 가이드라인 및 AI 원칙 이행을 지원하기 위한 것이다. 이 지침은 AI 시스템 가치사슬에 관여하는 다국적기업이 활용할 수 있는 도구로 마련되었다.

제 1 장은 기업책임경영 실사 개념을 소개하고, 보다 광범위한 AI 위험관리 정책 환경에 대한 개요를 제시한다. 또한 이 지침의 대상 독자를 서술하고, 위험관리 프레임워크를 탐색하기 위한 도구로서 이 지침을 활용하는 방법을 안내한다.

다국적기업 가이드라인에 제시되고 「기업책임경영을 위한 OECD 기업실사 지침 (OECD Due Diligence Guidance for Responsible Business Conduct)」에서 구체화된 OECD 실사 프레임워크는 이 지침의 토대가 된다. 다국적기업 가이드라인 및 관련 OECD 기업책임경영 기준은 기업책임경영을 위한 자발적 원칙을 제시한다. 실사 프레임워크는 다음과 같은 조치를 제시한다.

- 1 단계: 기업책임경영을 기업 정책 및 관리체계에 내재화
- 2 단계: 실제 및 잠재적인 부정적 영향 식별 및 평가
- 3 단계: 부정적 영향 중지, 예방 및 완화
- 4 단계: 실사 활동의 이행 및 결과 추적
- 5 단계: 부정적 영향 해결방법에 대한 소통
- 6 단계: 구제제공 또는 구제협의

제 2 장은 AI 시스템의 개발 및 사용에 관여하는 기업을 대상으로 하는 기업책임경영 실사 프레임워크와 실무 이행 예시를 제시한다. 또한 이 지침에서 제시된 실사 프레임워크는 각 단계의 서두에 기존 프레임워크에 포함된 관련 규정의 로드맵을 함께 제시하여, 실사 프레임워크의 각 단계가 관련 AI 위험관리 프레임워크의 해당 규정과 어떻게 상호 보완되며 연계되는지를 보여준다.

각 단계에는 지원 조치와 실사 절차를 필요에 따라 이행하고 조정하는 방법을 더욱 구체적으로 보여주기 위해 "이행을 위한 실무 예시"가 수록되어 있다. 실무 예시는 이 지침의 맥락에 부합하도록 선정되었으며, 주요 AI 위험관리 프레임워크, 문헌 조사 및 전문가 협의 결과를 토대하였다. 이 실무 예시는 포괄적인 점검 목록을 제시하기 위한 것은 아니며 모든 예시가 모든 상황에 적합하지 않을 수도 있다. 또한 기업은 일부 상황에서 추가적인 예시나 이행 조치가 유용하다고 판단할 수 있다.

이 지침에서 설명한 내용을 포함한 기존 AI 위험관리 프레임워크의 권고사항을 유의미하게 이행함으로써, 기업은 기업책임경영 실사 접근방식에서 제시하는 기대사항의 상당 부분을 충족할 수 있다. 일부의 경우, 기업책임경영 프레임워크는 특히 기존 프레임워크에서 포괄적으로 충분히 다루어지지 않은 이해관계자 참여 및 구제와 관련하여 추가적인 명확성을 제공하고, 다른 프레임워크의 공백을 보완한다.

1 기업책임경영 실사와 AI 관련 핵심 고려사항에 대한 개요

이 장은 기업책임경영 실사 개념을 소개하고, 보다 광범위한 AI 위험관리 정책 환경에 대한 개요를 제시한다. 또한 이 지침의 대상 독자를 서술하고, 위험관리 프레임워크를 탐색하기 위한 도구로서 이 지침을 활용하는 방법을 안내한다.

책임 있는 AI

AI 개발은 산업혁명이나 인터넷의 등장에 비견될 정도로 사회를 변화시킬 잠재력을 지니고 있다. AI 는 단순한 점진적 신보를 넘어, 생산싱을 향싱시키고 경제적 가치를 창출하며, 보건의료, 제조업, 물류관리 및 공공행정 등 다양한 분야에서 복잡한 과제를 해결할 수 있는 변혁적 기술이다. 이러한 긍정적인 잠재력을 활용하기 위해 OECD 는 AI 의 기회를 확대하는 한편, 부정적 영향의 위험을 해결하는 책임 있는 AI 에 관한 균형 잡힌 접근방식을 제시한다.

책임 있는 AI 는 디지털 혁신뿐만 아니라 데이터 공급자, 금융 및 물리적 인프라에도 그만큼 의존한다. 「OECD 다국적기업 기업책임경영 가이드라인 (이하 "다국적기업 가이드라인")」 (OECD, 2023[1])과 OECD 인공지능 권고("OECD AI 권고" 또는 AI 원칙) (OECD, 2024[2]) 역시 AI 시스템의 개발과 사용에 관여하는 모든 기업의 역할을 강조한다. 이러한 "가치사슬 전반"에 걸친 접근방식은 공급망 충격과 간섭에 더욱 잘 견디는 안전하고 회복력 있는 AI 가치사슬을 지원할 것이다.

무엇보다도 책임 있는 AI 의 개발과 사용은 이해관계자의 참여와 근로자를 최우선으로 고려하여 추진되어야 하며, 해당 기술을 인간의 노동을 대체하는 수단이 아니라 인간의 역량을 강화하는 수단으로 보아야 한다. 근로자와 기타 이해관계자의 유의미한 참여를 보장함으로써, 기업은 AI 가 인간의 업무를 자동화로 대체하는 방향이 아니라 인간의 업무를 보완하는 방향으로 활용될 수 있도록 이끌 수 있다.

AI 시스템과 관련된 잠재적 위험을 선제적으로 다루는 것은 신뢰의 토대를 마련하며, 이는 시장 성장과 투자를 크게 가속화할 수 있다. 기업이 이 지침 및 기타 OECD 규범적 문서에서 제시된 모범 사례를 통해 책임 있는 AI 개발과 사용에 대한 의지를 보여줄 때, 투자자, 고객, 규제 당국 및 정책 입안자 사이에서 신뢰를 구축하게 된다. 이러한 신뢰성은 경쟁 우위로 이어질 수 있다. 책임 있는 관행에 대한 평판을 확립한 기업은 자본시장 접근이 더 쉬워지고, 양질의 사업 관계를 유지하며, 규제 환경을 보다 수월하게 파악하고 이에 대응할 수 있다. 책임 있는 AI 는 결코 혁신을 저해하는 것이 아니라, 마찰을 줄이고 막대한 평판 손상 및 사회적 피해를 미연에 방지함으로써 오히려 성장을 촉진할 수 있다.

국제 규제 체계가 지속적으로 발전함에 따라, 책임 있고 신뢰할 수 있는 AI 는 글로벌 시장 진출에 점점 더 중요해지고 있다. AI 개발과 도입 과정에 피해 예방을 선제적으로 통합하는 기업은 국경 간 사업 확장에 유리한 입지를 선점할 수 있으며, 지역별 요건을 충족하기 위해 시스템을 사후 개조하는 데 소요되는 막대한 비용을 잠재적으로 피할 수 있다. 이러한 미래지향적인 접근방식은 자칫 단순한 규제 준수 비용으로 인식될 수 있는 요소를, 시장 접근 확대를 통해 수익을 창출하는 전략적 투자로 전환할 수 있다.

책임 있고 신뢰할 수 있는 AI 의 경제적 타당성은, 기업 고객이 조달 절차에서 점점 더 AI 위험관리를 포함하고 있다는 점을 고려할 때 더욱 분명해지며, 이는 신뢰성이 단순한 윤리적 고려사항을 넘어 사업상 필수 요건으로 자리잡고 있음을 보여준다. 이러한 맥락에서, AI 로 인한 피해를 다루는 것은 윤리적 책임과 기업의 이익을 동시에 충족시키며, 책임 있는 혁신이 사회적 편익과 상업적 성공을 함께 이끄는 선순환 구조를 만들어 낸다.

이 지침의 목적

이 지침은 기업의 다국적기업 가이드라인 및 AI 원칙 이행을 지원하기 위한 것이다[1]. 이 지침은 AI 시스템 가치사슬에 관여하는 다국적[2] 기업(즉, AI 시스템 개발을 위한 투입요소를 공급하는 기업, AI 시스템 생애주기에서 적극적인 역할을 수행하는 기업, 또는 모든 산업 분야에서 자사의 운영, 제품 및 서비스에 AI 시스템을 사용하는 기업)이 활용할 수 있는 도구로 사용되도록 마련되었다.

이 지침의 목적은 다음과 같다.

- AI 가치사슬 내 기업의 혁신, 투자 및 성장을 지원하기 위해, 기업이 야기하거나 기여하거나 또는 직접적으로 관련될 수 있는 실제 및 잠재적인 부정적 영향(즉, 위험)을 선제적으로 식별하고 해결하는 방법과, 다국적기업 가이드라인 및 AI 원칙에서 다루는 주제와 관련하여 AI 가 사회에 미치는 긍정적 기여를 활용하는 방법에 관한 명확성을 제공한다.
- 기업이 기존의 국제, 국가, 다중 이해관계자 또는 산업 주도 AI 위험관리 및 거버넌스 프레임워크를 파악할 수 있도록 돕는다.
- 다국적기업 가이드라인, AI 원칙 및 기타 국가 또는 국제 AI 위험관리 및 거버넌스 프레임워크 간 정책의 일관성을 촉진하고, 가능한 경우 상호운용성을 강화한다.
- 서로 다른 관할권에서 AI 위험관리 프레임워크를 위한 공통된 기준점 역할을 한다.

다국적기업 가이드라인에 제시되고 「OECD 기업책임경영 실사 지침 (이하 "기업책임경영 지침")」 (OECD, 2018[3])에서 구체화된 OECD 실사 프레임워크는 이 지침의 기반을 이룬다. 다국적기업 가이드라인과 관련 OECD 기업책임경영 기준은 기업책임경영을 위한 자발적 원칙을 제공한다. 다국적기업 가이드라인에서 다루는 사항은 국내법 및 국제적 약속의 대상이 될 수도 있다. 특히, OECD 기업책임경영 기준은 「기업과 인권에 관한 UN 이행원칙 ("UNGPs")」 (UN 인권최고대표사무소 (United Nations Office of the High Commissioner on Human Rights, 2012[4]) 및 「다국적기업과 사회정책에 관한 ILO 3 자 선언 (ILO Tripartite Declaration of Principles concerning Multinational Enterprises and Social Policy)」 (ILO, 2023[5])에 부합하며 상호보완적이다. 이 지침은 기업책임경영 지침에 담긴 상위 수준의 체계를, 기업이 AI 시스템의 개발 및 사용과 관련된 실제 및 잠재적인 부정적 영향을 식별, 예방, 완화 및 구제할 수 있도록 하는 구체적이고 실무적인 조치로 해석하고자 한다.

신뢰할 수 있는 AI 를 위한 국제 협력과 정책 일관성을 지원하고, 적절한 경우 상호운용성에 기여하기 위하여, 이 지침은 기존의 국제 및 국가 차원의 AI 특화 위험관리 프레임워크, 규제 및 기타 이니셔티브를 바탕으로 하여 AI 맥락에서 기업책임경영 지침을 이행하기 위한 실무 예시를 제시한다.

다국적기업 가이드라인을 실제로 이행하는 방법에 대한 자료를 기업에 제공하는 동시에, AI 원칙과의 정합성과 일관성을 보여줌으로써, 이 지침은 여러 관할권에 걸쳐 활동하며 다수의 규제 요건의 적용을 받거나 다수의 자발적 이니셔티브에 참여하는 기업이 이러한 기대에 대응할 수 있도록 지원하는 것을 목표로 한다. 이는 기업이 소비자의 신뢰를 유지하고, 글로벌 시장에서 혁신하고 경쟁할 수 있는 자율성을 확보하는 데 도움이 될 것이다.

대상 독자

다국적기업 가이드라인은 기업이 (1) 자사의 운영을 통해 야기하거나 기여할 수 있는, 또는 (2) 사업 관계를 통해 기여하거나 직접적으로 관련될 수 있는 실제 및 잠재적인 부정적 영향(즉, 위험)을 식별하고 해결하기 위해 실사를 수행할 것을 권고한다.

이 지침의 주요 대상 독자는 아래에서 보다 자세히 설명하는 세 범주의 기업으로 이루어진다. 이에는 AI 원칙에서 설명하는 AI 시스템 생애주기[3](즉, 기획 및 설계, 데이터 수집 및 처리, 모델 구축 및/또는 적응, 시험·평가·검증·유효성 확인, 배포, 그리고 AI 시스템의 운영 및 모니터링)에 관여하는 기업이 포함된다. 또한 이 지침은 AI 시스템 개발을 위한 디지털, 물리적, 금융적 투입요소를 공급하는 기업 (예: 데이터 주석(annotation) 서비스 제공자, 컴퓨팅 제공자, 클라우드 서비스 제공자, 하드웨어 제조업체 및 투자자), 그리고 다국적기업 가이드라인에서 설명하고 개정된 AI 권고에 부합하는 방식으로 AI 시스템의 판매, 라이선싱, 거래 및 사용에 관여하는 기업에도 적용된다. 여기에는 운영, 제품 및 서비스에서 AI 시스템을 사용하는, 이른바 "기술 부문" 외의 기업도 포함된다.

이 지침에서 제시하는 프레임워크는 다른 소프트웨어 및 기술의 개발과 사용에도 관련될 수 있으나, 이 지침은 특히 AI 시스템에 초점을 맞춘다. AI 시스템은 AI 권고에서 명확히 정의되어 있으며, 첨부된 적요(memorandum) (OECD, 2024[6])에서 보다 상세히 설명되어 있다.

AI 가치사슬에서의 역할과 서로 다른 행위자 간의 사업 관계는 비선형적이며 서로 중첩된다. 마찬가지로, AI 개발 과정 역시 선형적으로 진행되지 않는다. 예를 들어, 일부 AI 시스템 개발자는 하드웨어를 설계 및 제조도 하는 기업일 수도, 데이터 수집이나 데이터셋 주석 작업에 관여할 수도 있다. AI 시스템의 개발과 사용 맥락에서 기업책임경영 실사를 이해하기 위해, 이 지침은 기업이 수행하는[4] 활동에 따라 기업의 실사 책임을 각기 다른 그룹으로 구분하여 설명한다.

따라서 아래의 세 범주는 엄격하거나 배타적인 것이 아니라, 서로 다른 활동을 수행하는 기업이 실사에 어떻게 접근해야 하는지를 안내하기 위한 것이다. 기업은 여러 그룹에 동시에 해당하는 활동을 수행할 수 있으며, 이에 따라 실사 접근방식을 조정해야 한다. 일부 기업의 실사에서는 자사 운영에서 발생하는 부정적 영향의 위험을 우선적으로 다루는 한편, 다른 기업은 사업 관계에서 발생하는 부정적 영향의 위험을 우선적으로 다룰 것이다.

부정적 영향은 각 그룹에서 설명된 활동과 관련될 수 있다. 이 지침에 수록된 대부분의 예시는 2 그룹에 열거된 활동과 관련된 부정적 영향을 어떻게 다룰 것인지에 초점을 맞추고 있지만, 1 그룹과 3 그룹에 속한 기업도 여전히 자사의 운영, 제품 및 서비스를 통해 발생할 수 있는 부정적 영향을 다루기 위한 실사를 수행할 것으로 기대된다.

1 그룹: AI 투입요소의 공급자

이 그룹에 속한 기업은 AI 투입요소의 공급자이다. 이들 기업은 AI 시스템 개발에 투입되는 요소를 제공하며, 일반적으로 AI 시스템 가치사슬의 '상위'(upstream) 부문으로 간주된다. 여기에는 AI 생태계에서 투입요소의 제공과 관련된 활동(즉, 위험관리를 포함하여, AI 시스템 생애주기를 이해하고 이에 참여하는 데 필요한 데이터, 코드, 알고리즘, 모델, 연구, 노하우, 교육 프로그램, 거버넌스, 프로세스 및 모범 사례 등의 기술 및 자원)이 포함된다. 이 그룹에는 다음에 관여하는 기업이 포함된다.

- 데이터 및 데이터 주석 제공
- 데이터셋 생성 및 큐레이션
- 오픈소스 라이브러리 및 AI 개발용 소프트웨어 구성요소에 대한 기여를 포함하여 제 3 자 사용을 목적으로 한 코드의 개발, 조정 및 제공
- 지표 및 평가 기준 개발

또한 이 그룹에는 AI 시스템 개발을 지원하는 데 필요한 금융, 물류, 행정 및 하드웨어 투입요소의 제공과 관련된 활동도 포함된다. 여기에는 다음과 같은 활동에 관여하는 기업이 포함된다.

- 자본 제공(예: 금융기관, 벤처캐피털 및 기타 투자자)
- 디지털 인프라 및 관리 서비스 제공 (예: 컴퓨팅 제공자, 클라우드 서비스 제공자, 디지털 결제 플랫폼, 디지털 노동 플랫폼, 운영체제, 앱 스토어, 보안 소프트웨어 제공자, 기업용 소프트웨어 제공자)
- 하드웨어 제공(예: 반도체 제조업체 및 유통업체, 네트워크 장비 공급업체, 기타 하드웨어 제조업체)

다만 이 지침은 하드웨어 투입요소의 공급망(예: 원자재 채굴 및 하드웨어 부품 제조)은 다루지 않으며, 이는 별도의 기업책임경영 실사 지침[5] 대상이다.

2 그룹: AI 시스템의 설계, 개발, 배포 및 운영에 적극적으로 관여하는 기업

이 그룹에는 아래에 나열된 AI 시스템 생애주기 활동에 관여하는 기업이 포함된다. AI 시스템 생애주기를 이해하는 것은 모든 기업이 위험을 보다 잘 식별하고, 2 그룹에 속한 기업의 사업 관계(business relationship)에 있는 자와 상호작용하는 데 도움이 될 수 있다. 2 그룹에는 다음 활동에 관여하는 기업이 포함된다.

- 시스템 기획 및 설계
- 모델 구축 및/또는 기존 모델 적용
- 모델 및 시스템의 시험, 평가, 검증 및 유효성 확인
- 배포 채널과 관계없이 시스템을 배포[6] 하는 활동 (오픈소스 소프트웨어 배포 포함)
- 소비자를 위한 시스템 운영 및 모니터링

또한 2 그룹에는 기업별 사용 사례에 맞추어 기존 AI 모델을 조정하고 재배포하는 기업도 포함될 수 있다.

3 그룹: AI 시스템 사용자

이 그룹에 속한 기업은 자사의 운영, 제품 및 서비스에서 AI 시스템을 사용하며, 일반적으로 AI 시스템 가치사슬의 '하위'(downstream) 부문으로 간주된다. 3 그룹에는 금융기관과 '실물경제' 분야의 기업 (즉, AI 시스템이나 기술과 직접적인 관련이 없는 경우를 포함하여, 재화와 서비스를 생산 및 판매하는 기업)이 포함된다.

이 그룹에 속한 기업은 자사의 운영 및 사업 관계 전반에 걸친 보다 광범위한 실사 과정의 일환으로, 자사가 사용하는 AI 시스템에 대한 실사를 고려해야 한다. 이는 해당 기업이 속한 특정 부문에서 해당 AI 시스템으로 인해 제기되는

부정적 영향의 위험을, 해당 기업이 야기하거나, 기여하거나, 또는 해당 기업과 관련될 수 있는 다른 위험과 함께 고려하여 우선순위를 설정하는 것을 의미한다. 예를 들어, 해당 AI 시스템이 중대한 위험과 관련되지 않는 경우, 해당 기업은 AI 시스템과 직접 관련되지 않은 사항을 포함하여 다른 기업책임경영 주제를 조치 대상으로 우선순위를 설정할 수 있다.

박스 1.1. 중소기업을 위한 고려사항

AI 시스템은 더 낮은 비용으로 효율성을 높일 수 있는 도구에 대한 접근을 가능하게 하는 방식 등을 통해, 중소기업에 막대한 경제적 이익을 제공할 잠재력이 있다. 또한 중소기업은 AI 시스템 개발의 여러 단계에서 중요한 역할을 한다. 기업책임경영 기준에 따라 중소기업 역시 다른 기업과 마찬가지로 실사를 수행할 것으로 기대된다.

다만, 기업책임경영 기준은 중소기업이 대기업과 동일한 수준으로 실사에 관한 기대사항을 이행할 역량을 갖추지 않을 수도 있음을 인정한다. 연구개발, 개념증명(proof-of-concept) 및 자금 조달의 초기 단계에 있는 중소기업은 제한된 자원으로 운영되며, 이러한 자원을 자사의 제품이나 서비스의 상용화에 필요한 더욱 즉각적이고 실질적인 사항에 우선 배분하는 경향이 있다. 따라서 일반적으로 중소기업은 이해관계자 참여, 기업의 사업 관계에 있는 자에 대한 영향력 행사, 그리고 위험 예방 및 완화 조치를 취하기 위해 필요한 비용 부담과 관련하여 기업책임경영을 이행하는데 어려움을 겪을 수 있다.

이러한 어려움을 해결하고 기업책임경영 기준의 이행을 촉진하기 위해, 이 지침은 특히 중소기업이 가능한 경우 협력적 접근방식을 사용하고 산업 이니셔티브에 참여하여(경쟁법에 부합하는 범위에서) 자원을 공동 사용하고, 실사 비용을 줄이며, 부정적 영향의 위험에 대한 정보 접근 및 정보의 조화를 촉진하도록 권장한다. 기업책임경영 기준은 실사의 성격과 범위는 기업의 규모, 해당 부정적 영향에 대한 기업의 관여 정도, 그리고 그 부정적 영향의 심각성에 비례해야 한다는 점도 인정한다. 이러한 현실을 인정하면서, 다국적기업 가이드라인은 중소기업이 과도한 부담의 대상이 되지 않도록 하여, 각자의 역량 범위 내에서 가장 관련성 높은 위험에 집중할 수 있도록 하고자 한다. 아울러 더 나아가, 다국적기업 가이드라인은 대기업이 자사와 사업 관계를 맺고 있는 중소기업의 참여를 우선하여, 중소기업의 실사 절차 수행을 지원하도록 권장한다.

국제적 기대를 충족하는 것 외에도, 기업책임경영 기준을 이행하는 것은 중소기업이 새로운 시장을 개척하거나 자금 조달을 용이하게 할 수 있다. 또한 이는 인재를 확보하거나 유지하는 데에도 도움이 될 수 있다. 더불어 대기업이 점차 기업책임경영 실사 관행을 적용함에 따라, 중소기업이 기업책임경영 기준을 이행하는 것은 대기업의 가치사슬에 편입되기 위한 핵심 요소가 될 수 있다.

중소기업은 협력 네트워크(예: 지역 AI 및 디지털 전환 이니셔티브 [1] 및 지역 기업책임경영 이니셔티브 [2])를 활용하여, 기업책임경영 및 AI 기준을 이행할 때 추가적인 기술 지원과 명확성을 확보할 수 있다.

주

1. 예: OECD-아프리카연합(AU) AI 대화(OECD-African Union AI Dialogue on AI)
2. 예: 아시아, 중동·북아프리카(MENA) 및 라틴아메리카에서 진행되는 OECD 글로벌 협력 프로그램

기타 관련 대상 독자

다국적기업 가이드라인은 또한 기업책임경영을 위한 국내연락사무소("NCPs")[7]에 의존하는 특별한 이행 촉진 및 구제 메커니즘도 가지고 있다. 이 지침은 NCP 가 다국적기업 가이드라인의 이행을 촉진하고, 다국적기업 가이드라인 위반 주장 관련 책임성에 대한 의사결정을 내리는 데에도 유용한 참고자료가 될 수 있다.

또한 이 지침은 정책입안자, 규제당국, 국제 기준과의 정합성 확보 지원을 추구하는 산업 주도 및 다중 이해관계자 이니셔티브 등 책임 있는 AI 와 관련된 기준을 마련하는 주체들에게도 유용할 수 있다.

기타 관련 대상 독자에는 시민사회단체, 근로자, 근로자 대표, 노동조합, 산업협회, 그리고 데이터 보호 당국 및 부문별 감독기구를 포함한 국가 규제당국 등이 포함될 수 있다.

개발도상국 기업과 정부가 직면하는 이행상의 어려움에는 각별한 주의를 기울여야 하며, 여기에는 역량 강화, 기술 지원, 그리고 현지의 규제 및 제도적 현실에 맞춘 차별화된 지침의 필요성이 포함된다.

마지막으로, 이 지침은 AI 시스템으로 인해 이미 부정적 영향을 받은 또는 잠재적으로 부정적 영향을 받을 수 있는 개인과 집단, 그리고 그들의 대표자에게도 관련이 있다.

AI 개발 및 사용과 관련된 위험의 이해

AI 시스템의 개발과 사용은 다국적기업 가이드라인에서 다루는 사안에 긍정적인 영향을 미칠 잠재력이 있다. 예를 들어, AI 시스템의 사용은 위험한 작업을 자동화함으로써 산업안전보건 분야를 상당히 개선할 수 있다. 공공행정 분야에서는 스마트 그리드, 스마트 시티 및 연결된 기기에서 AI 를 사용함으로써 인프라 유지보수 필요성을 예측하고 교통 흐름을 유도하여 도로 혼잡을 완화하는 데 도움이 될 수 있다. AI 는 방대한 양의 데이터를 신속하게 분석하고, 패턴을 인식하며, 예측 모델을 구축할 수 있는 능력을 갖추고 있어, 금융 범죄 탐지, 납치 및 인신매매 대응, 강제노동이나 아동노동 상황 식별, 범죄 현장 분석 등에 중요한 도구로 사용될 수 있다. 보다 광범위하게, AI 시스템 사용은 혁신, 경제 성장, 그리고 인권 증진을 위한 기회를 제공한다.

이러한 긍정적 이점을 실현하기 위해서는 AI 시스템과 관련된 부정적 영향의 위험을 효과적으로 관리하는 것이 중요하다.[8] AI 시스템 가치사슬 전체를 고려할 경우, 더욱 폭넓은 범위의 위험이 해당될 수 있다. 예를 들어, 일부 유형의 AI 시스템을 학습하고 사용하는 데 필요한 막대한 전산처리능력(computing power)은 부정적 영향이 있는 것으로 입증되고 있으며 (OECD, 2022[7]), 데이터 보강 서비스와 같이 사람이 수행하는 일부 서비스는 유해한 노동 관행을 야기하고 있다 (Partnership on AI, 2021[8]). 아울러, 많은 신기술과 마찬가지로 공공 및 민간의 악의적 행위자가 AI 시스템을 악용할 방안을 찾아낼 수도 있다. AI 시스템은 이중 용도 가능성이 크고 다른 목적으로 용도 전환(repurpose) 될 수 있기 때문에, 그 설계 의도가 무해하더라도 유해한 사용으로 이어질 수 있다.

다국적기업 가이드라인은 기업이 기술 혁신과 관련된 활동으로 인한 실제 및 잠재적인 부정적 영향에 대해 위험 기반 실사를 수행해야 함을 인정한다. 또한 새로운 기술이나 기존 도구의 새로운 적용법 개발에 관여하는 기업은 책임 있는 혁신을 촉진하는 한편, 기술로 인해 제기되는 부정적 영향과 문제를 사전에 예상해야 함을 인정한다.

AI 시스템의 개발 및 사용과 관련된 위험을 설명하고, 기업이 그러한 위험을 해결하기 위해 취해야 할 조치를 권고하는 다양한 체계가 국제, 지역 및 국가 차원에서 존재한다. 이러한 체계가 포괄하는 위험의 범위는 서로 다르다. 프레임워크 목록은 기업의 실사 노력에서 잠재적으로 관련될 수 있는 다양한 위험을 참고하는 데 도움이 될 수 있으나, 이는 포괄적인 것은 아니며 많은 위험들이 서로 중첩되거나 연관될 수 있다. 아울러, 모든 프레임워크가 모든 기업에 해당되는 것은 아니다. 각 기업은 여기에 열거되지 않은 추가 위험을 포함하며, 자사의 개별적 상황에 맞게 우선적인 위험 영역을 식별할 것으로 기대된다. 이 지침은 시간이 지나도 지속적으로 적용 가능하도록, 특정 위험을 전제로 하지 않는 접근방식을 취한다. AI 시스템 관련 위험에 대한 정책적 관점과 이해가 계속 진화함에 따라, 추후 추가적인 연구를 통해 이 지침은 보완될 수 있다.

신뢰할 수 있는 AI 의 특성

이 지침은 또한 신뢰할 수 있는 AI 시스템의 책임 있는 관리와 개발을 가능하게 함을 목적으로 한다. 이 지침의 맥락에서 "신뢰할 수 있는 AI"란 용어는 2024 년에 개정된 OECD AI 원칙을 구현하는 AI 시스템을 의미한다 (OECD, 2024[9]). 이는 단순한 원칙이 아니라, 위험을 평가하고 완화 및 예방 책임을 식별하기 위한 기준이 되는 결과물이다.

기업책임경영 실사의 기본 개념

기업책임경영 실사 프레임워크

다국적기업 가이드라인은 정부가 적극적으로 촉진하고 이행하기로 약속한 기업을 대상으로 한 자발적 실사 프레임워크를 제시한다. 이는 다음의 조치를 제시한다.

1. 기업책임경영을 기업 정책 및 관리 체계에 내재화
2. 기업의 운영, 제품 또는 서비스와 관련된 실제 및 잠재적인 부정적 영향 식별 및 평가
3. 부정적 영향의 중지, 예방 및 완화
4. 실사 활동의 이행 및 결과 추적
5. 부정적 영향을 해결하기 위한 조치의 소통
6. 구제제공 또는 구제협의

그림 1.1. 기업책임경영 실사 프레임워크의 도식적 표현

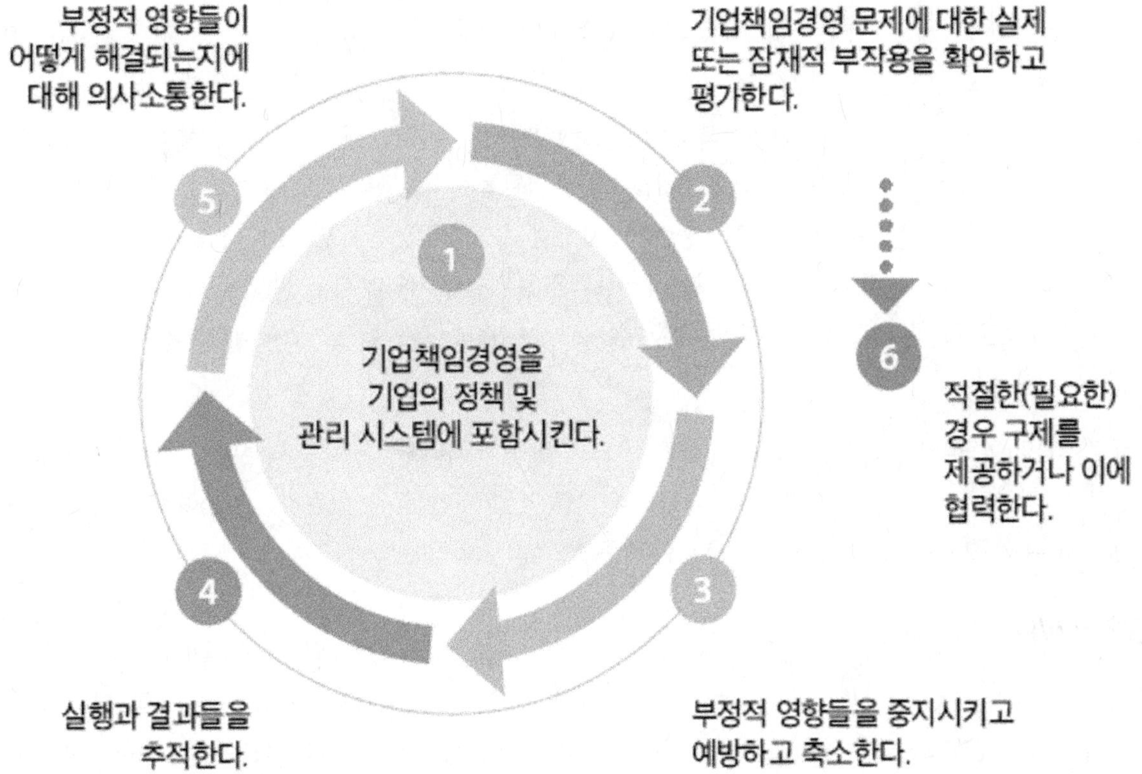

출처: OECD (2018[3]), 「OECD 기업책임경영 실사 지침」, https://doi.org/10.1787/15f5f4b3-en.

이러한 단계들은 실사가 사전적 대응과 사후적 대응을 모두 포함하는 지속적인 과정이라는 점에서, 동시에 이루어지며 반복적으로 진행되도록 의도된 것이다. 이러한 단계들은 제 2 장에서 AI 의 개발과 사용 맥락에 맞게 보다 자세히 설명되어 있다.

기업책임경영 실사 프레임워크는 다른 AI 위험관리 프레임워크들과 큰 틀에서 내용상 부합하며 (OECD, 2023[10]), 주요 쟁점들에 관하여 여러 프레임워크와 상당히 중복된다. 이 지침의 각 단계는 기존 AI 위험관리 프레임워크에 존재하는 관련 요구사항을 직접적으로 참조하며, 이에 따라 프레임워크 및 관할권 전반에 걸친 요구사항의 상호 참조 및 일관된 이행을 지원할 수 있다. 기업은 여타 기존 AI 위험관리 프레임워크의 권고사항을 유의미하게 이행함으로써, 기업책임경영 실사 접근방식에서 요구되는 기대사항의 상당 부분을 준수할 수 있다. 일부 영역에서는, 기존 프레임워크에서 포괄적으로 다루어지지 않았던, 특히 이해관계자 참여 및 구제와 관련된 부분에 대해, 기업책임경영 프레임워크가 추가적인 명확성을 제공하고 다른 프레임워크의 부족함을 해소한다.

법적 의무와의 관계

다국적기업 가이드라인은 적용 가능한 법률 및 국제적으로 인정된 기준에 부합하는 기업책임경영에 대한 자발적인 원칙과 기준을 제공한다. 다국적기업 가이드라인에서 다루는 문제는 국내법과 국제적 약속의 대상이 될 수 있다.

다국적기업 가이드라인은 기업의 법정 준수 사항 이상이 될 수도 있는 기업책임경영에 관한 권고사항을 제시한다. 정부의 권고사항은 기업이 법적 책임과 집행의 문제와는 별개로 다국적기업 가이드라인을 준수하는 것이다(다국적기업 가이드라인, 서문 제 5 항 참조 (OECD, 2023[1])).

다국적기업 가이드라인은 기업이 사업을 수행하는 관할권 및/또는 기업이 소재하는 관할권에서 국내법을 준수하는 것이 기업의 최우선적인 의무임을 명시하고 있다 (다국적기업 가이드라인, 제 1 장 제 2 항 참조 (OECD, 2023[1])). 실사는 기업책임경영과 관련된 사안에 관하여 기업이 법적 의무를 준수하도록 지원할 수 있다. 또한 국내법 및 규제가 다국적기업 가이드라인의 원칙 및 기준과 상충하는 관할권에서는, 기업은 실사를 통해 가능한 최대한의 범위 내에서 다국적기업 가이드라인을 이행할 수 있다. 아울러 국내법은 일부 경우 기업에 특정 기업책임경영에 관한 사안에 대해 조치를 취할 것을 요구할 수 있다(예: 미성년자에 대한 온라인 위험과 같은 특정 기업책임경영에 대한 사안과 관련된 법률).

다국적기업 가이드라인에 근거하거나 이를 참조하여 도출된 실사 기대사항은 점차 법적 요구사항에 통합되고 있다. 이 지침은 기업과 정부가 이러한 법적 요구사항의 일부를 어떻게 이행할 수 있는지에 관하여 보다 잘 이해하는 데 도움이 될 수 있으나, 이 지침을 법규 준수를 위한 기준으로 삼아서는 안 된다.

영업상 비밀유지

기업책임경영 실사를 시행할 때에는 상업적 기밀, 영업 비밀, 상업적으로 민감한 정보, 이러한 정보의 공유와 관련하여 적용될 수 있는 경쟁법 상 금지사항, 그리고 지식재산권법에 따라 보호되는 정보에 대해 충분한 주의를 기울여야 한다. 이러한 요소들은 정보공개, 투명성 및 이해관계자 참여의 일부 측면에 대한 정당한 제약이 될 수 있다. 그럼에도 불구하고 기업은 정당한 기밀성 고려사항을 감안하여 기밀성, 경쟁법 및 기타 관련 법적 우려사항을 적절히 고려하면서도, 선의에 기반하여 이해관계자와 유의미하게 소통하고 이들을 참여시키기 위한 노력을 기울일 것으로 기대된다.

경쟁법 준수 하의 기업책임경영 이행

지속가능성 이니셔티브의 일환으로 이루어지는 경우를 포함하여, 경쟁사 또는 사업 관계에 있는 자와 협력하여 기업책임경영 이행을 지원하는 것은 경쟁법이 허용하는 범위 내에서 이루어져야 한다 (OECD, 2015[11]).

다국적기업 가이드라인은 “기업과 기업이 참여하는 협력 이니셔티브는 관할권 내 경쟁법 문제를 이해하고 경쟁법 위반에 해당할 수 있는 활동을 피하기 위해 선제적인 조치를 취해야 한다. 그러나 신뢰할 수 있는 기업책임경영 이니셔티브는 특성상 경쟁법의 목적과 충돌하지 않으며, 이러한 이니셔티브에서의 협력은 일반적으로 경쟁법 위반을 야기하지 않을 것”이라 명시하고 있다(다국적기업 가이드라인, 제 5 장 제 121 항 참조 (OECD, 2023[1])).

기업은 협력 활동 및 경쟁법과 관련된 쟁점을 이해하기 위해 다음과 같은 세 가지의 광범위한 실무적 조치를 고려할 수 있다.

- 경쟁 당국에 자문 요청: 기업은 특정 행위 또는 협력 활동이 경쟁법에 반하는 것으로 간주될 수 있고 그에 따라 규제 위험을 야기할 수 있는지 여부가 불명확한 경우, 경쟁당국에 자문을 구할 수 있다.

- 투명성 확보: 당국은 행위가 전적으로 비공개로 이루어지는 경우, 경쟁사 간 이니셔티브 또는 합의에 대해 보다 회의적인 태도를 취하는 경향이 있다. 따라서 기업책임경영 이니셔티브에 관한 투명성은 경쟁 관련 우려를 완화하는 유용한 방법이 될 수 있다. 중요한 점은 합의가 실제로 반경쟁적인 경우, 그 합의가 공개적으로 이루어졌다는 사실 또는 이니셔티브를 둘러싼 투명성이 존재한다는 사실만으로는 법의 적용을 면할 수 없다는 것이다. 그러나 투명성은 잠재적으로 문제가 될 수 있는 쟁점을 드러내어, 이를 신속히 해결하도록 하는 데 기여할 수 있다.
- 기업책임경영 이니셔티브를 준법 프로그램에 통합: 기업은 자사의 행위가 경쟁법상 우려를 야기하는지 여부를 자체적으로 평가할 책임이 있으므로, 관련 위험에 대한 인식과 이를 조직 차원에서 어떻게 관리해야 하는지를 이해할 수 있도록 준법 프로그램 수립 및 이행이 권장된다. 대부분의 대기업은 이미 반독점 준법 프로그램을 갖추고 있을 가능성이 높으며, 이는 기업책임경영과 관련된 특정 협력 이니셔티브의 목적에 맞게 참고하거나 그에 맞게 조정하여 사용할 수 있다.

유의미한 이해관계자 참여

유의미한[9] 이해관계자 참여, 특히 근로자, 근로자 대표 및 노동조합, 영향을 받은 지역사회, 또는 부정적 영향의 위험에 가장 취약한 기타 이해관계자의 참여는 효과적인 실사를 위해 필수적이다. 이러한 참여는 신뢰할 수 있는 AI 시스템의 개발을 뒷받침한다. 이해관계자 참여는 실사 프레임워크의 모든 단계에 걸친 필수 요소이다. 또한 일부 관할권에서는 이해관계자 참여가 그 자체로 하나의 권리일 수도 있다(예: 의료 분야에서 AI 를 적용할 때의 환자 동의, 유럽연합 인공지능법(EU AI Act) 제 61 조 참조).

또한 유의미한 이해관계자 참여는 기업에 다양한 이점을 제공할 수 있다. 예컨대, 신뢰를 구축하고 위기에 대한 회복탄력성을 제고하며, 시장 및 사회적 기대와의 정합성을 더욱 강화하는 데에도 도움이 된다. 이해관계자가 실사 과정 전반에 걸쳐 참여할 경우, 그들은 어떤 결정이 내려졌는지 뿐만 아니라 왜 그러한 결정이 내려졌는지까지 이해하게 되며, 그 결과 모든 선택에 동의하지 않더라도 절차적 신뢰가 형성된다. 초기 단계에서의 외부 피드백은 중요도가 낮은 위험을 해결을 위해 상당한 자원이 투입되기 전에 접근방식을 조정할 수 있도록 하여 잠재적으로 비용을 절감할 수 있다.

외부의 관점은 서비스가 충분히 제공되지 않은 시장 부문 또는 간과된 사용 사례를 식별하는 데 도움이 될 수 있다. 또한 기업은 AI 시스템 최종 이용자와의 직접적인 소통을 통해 기업의 추측이 아닌 실제 이용자의 요구사항을 밝혀낼 수 있다. 예를 들어, 의료 분야에서 AI 시스템을 개발 및 사용하는 기업은 의료 전문가 및 특정 환자 집단의 대표자들과 협의하는 과정에서, 미미한 정확도 향상보다는 해석 가능성이 더 중요하다는 점을 발견할 수 있다. 아울러 이해관계자의 의견을 반영하여 개발된 AI 시스템은 주요 우려사항이 사전에 해소되기 때문에 도입에 대한 장애요인이 더 적다.

이해관계자는 AI 시스템의 개발 및 사용 전반에 걸친 여러 단계에서 영향을 받을 수 있다. 예를 들어, AI 시스템을 학습시키는 데 자신의 개인정보나 지적재산(IP)이 사용되는 개인, 개발 단계에서 데이터 강화 서비스에 참여하는 근로자, 그리고 AI 연산으로 인한 피해의 영향을 받는 지역사회가 포함된다. 시스템 배포 이후에는, 예를 들어 AI

시스템에 의해 업무가 모니터링되는 근로자, 또는 AI 시스템을 사용하는 정부 서비스로 인해 영향을 받는 개인이 포함될 수 있다.

이해관계자 참여는 예컨대 회의, 공청회, 또는 협의 절차 등을 통해 관련 이해관계자와 양방향으로 상호작용하는 절차를 포함한다. 여기에서 관련 이해관계자는 이 지침이 다루는 사안과 관련하여 권리 또는 이해관계를 가지며, 그러한 권리 또는 이해관계가 기업의 AI 시스템 개발, 배포, 운영, 자금 조달, 판매, 라이선스, 거래 및/또는 사용과 관련된 부정적 영향으로 인해 영향을 받거나 받을 수 있는 개인 또는 집단 및/또는 그들의 적법한 대표자를 말한다.

이해관계자 참여가 유의미하기 위해서는 상호의 노력 위에 이루어져야 하며, 선의에 기반하고 이해관계자의 의견에 적극적으로 반응해야 한다. 이해관계자에게는 시의적절하고, 진실하며, 완전한 정보를 제공해야 하고, 이해관계자에게 영향을 미칠 수 있는 주요 결정이 내려지기 전에 의견을 제시할 기회를 부여해야 한다. 적절한 경우, 부정적 영향을 식별하는 과정에 이해관계자가 적극적으로 참여하도록 하는 것이 특히 중요하다.

AI 시스템의 급속한 개발과 실시간 수정은 기업이 유의미한 이해관계자 참여를 보장하기 위해 현행 관행을 개발하거나 이에 맞게 조정하도록 요구할 수 있다. 이해관계자 참여는 일회성 행사로 간주되어서는 안 되며, AI 시스템 생애주기에 내재화된 지속적인 과정으로 보아야 하고, 관련이 있는 경우 AI 개발 및 사용의 다른 측면(예: 데이터 수집 시 또는 최종 사용 단계)에도 통합되어야 한다. 실무적으로, 기업이 이해관계자를 참여하게 할 수 있는 방법은 여러 가지가 있다.[10] 이해관계자는 다음과 같은 방식으로 참여할 수 있다.

- 제품의 목적과 의도된 영향에 관한 내부 논의의 일환으로 참여
- 제품 설계의 일환으로 참여
- 데이터셋 큐레이션 및 검증의 일환으로 참여
- 학습 및 테스트의 일환으로 참여
- 시스템 사용 과정에서 지속적으로 참여
- 배포 후 테스트 및 평가의 일환으로 참여
- 다자 이해관계자 이니셔티브 및 독립 평가 절차를 통해 참여
- AI 시스템이 근로자 활동 관리에 사용되는 환경에서, 근로자를 대상으로 하는 정기교육의 일환으로 참여. 근로자가 실사 과정에 유의미하게 참여할 수 있도록, 근로자는 AI 시스템의 역량과 위험에 관하여 정기적으로 최신 정보를 제공받고 안내받는 것이 중요하다.

기업은 이해관계자 참여와 관련하여 시행할 수 있는 기타 메커니즘이 존재하더라도, 근로자가 스스로 선택한 노동조합이나 대표 단체를 설립하거나 가입할 권리를 존중해야 한다. 여기에는 근로자가 스스로 선택한 노동조합이나 대표 단체를 설립하거나 가입하는 선택에 간섭하지 않는 것이 포함된다 (OECD, 2023, 다국적기업 가이드라인, 제 5 장 제 1 항(a)).

수백 개의 AI 시스템을 개발하거나 사용할 수 있는 규모가 매우 큰 기업의 경우, 각 AI 시스템 개발 과정의 여러 단계에서 이해관계자를 참여시키는 것이 현실적으로 어려울 수 있다. 중소기업 역시 이해관계자를 참여시키는 데

있어 자원 및 접근성 측면에서의 어려움에 처할 수 있다. 모든 기업은 AI 개발 속도로 인해, 참여 가능한 관련 이해관계자의 가용성이 제한될 수 있는 어려움에 처할 수 있다. 이러한 어려움은 이해관계자 참여를 신중하게 계획할 필요가 있음을 시사한다. 기업은 예를 들어, 상위 수준에서 이해관계자 참여를 진행하고, 그 과정에서 얻은 학습 내용을 제품 수준에 적용한다는 것을 목표로 하는 등, 다양한 방식으로 이해관계자 참여 방식을 선택할 수 있다. 제품별 참여(예: 설계 단계 참여 또는 영향을 받는 이해관계자 참여)는 특정 고위험 상황에서만 실질적으로 가능할 수 있다.

이해관계자가 AI 및 기업책임경영 관련 사안을 충분히 이해하지 못할 경우에도 이해관계자 참여에 어려움이 발생할 수 있다. 이해관계자가 AI 시스템의 기능, 한계 및 잠재적 결과를 이해하게 되면, 이해관계자는 정보에 기반한 결정을 내리고 위험관리 과정에 유의미한 의견을 제시할 수 있다. 이러한 지식은 이해관계자가 사전에 잠재적인 부정적 영향을 식별하고, 책임 있는 개발 및 배포 관행을 촉구할 수 있도록 한다. 기업은 AI 시스템에 대한 교육과 투명한 의사소통에 투자함으로써, 신뢰를 구축하고 협력적 문제 해결을 장려할 수 있으며, 이는 궁극적으로 더욱 효율적인 실사 과정으로 이어진다.

기업과 이해관계자는 자신들에게 실행 가능하고 효과적인 이해관계자 참여 방식을 함께 모색하는 것을 권장한다. 기업은 자사의 활동으로 인해 영향을 가장 크게 받을 가능성이 높은 이해관계자 혹은 그들의 대화 상대의 참여를 우선시해야 한다. 특히, 부정적 영향의 위험에 가장 취약한 이해관계자를 참여시키기 위한 특별한 노력이 필요하다.

이 지침의 활용 방법

이 지침은 기업이 다국적기업 가이드라인, 기업책임경영 지침 및 OECD AI 권고안을 이행하는 데 도움이 되도록 프레임워크를 제공하기 위한 것이다. 또한 이러한 기준과 기타 국제적, 국가적, 산업적 차원의 프레임워크, 이니셔티브 및 위험관리 관련 기타 정보원(특히 특정 위험 또는 사용 사례에 대해 더욱 자세한 정보를 제공하는 상황별 지침)과 병행하여 사용되어야 한다. 이 문서 전반에 걸쳐 다른 정보 출처들도 함께 인용되어 있다.

AI 관련 규제 및 자발적 프레임워크가 국가마다 상이하다는 점을 감안하여, 기업은 자사의 구체적 상황과 자사가 활동하는 규제 환경에 맞추어 실사 조치를 조정할 수 있다. 또한, 이러한 규제나 프레임워크를 준수하는 것은 이 지침의 관련 조항을 준수하는 데에도 종종 기여할 것이다.

이 지침의 사용자는 먼저 핵심 프레임워크와 실무 예시를 읽고 이해한 후, 미주에 인용되어 있는 구체적인 상황별 자료나 OECD.AI 도구 및 지표 카탈로그(OECD.AI Catalogue of Tools & Metrics) (OECD, n.d.[12])에서 이용 가능한 모듈을 참고할 수 있다.

2 위험 식별 및 해결을 위한 실사 프레임워크 및 실무 예시

이 장에서는 AI 시스템의 개발 및 사용에 관여하는 기업을 대상으로 하는 기업책임경영 실사 프레임워크와 실무 이행 예시를 제시한다. 이 지침에서 제시된 실사 프레임워크는 또한 각 단계의 도입 부분에 기존 프레임워크에 포함된 관련 규정의 로드맵을 제시하며, 이를 통해 실사 프레임워크의 각 단계가 관련 AI 위험관리 프레임워크의 해당 규정에 의해 어떻게 보완되고 연계되는지 보여준다.

이번 장에서는 AI 시스템 개발 및 사용에 관여하는 기업 대상 OECD 의 기업책임경영 실사 프레임워크를 제시하고, 실무 이행 예시를 제공한다. 또한 이 지침에서 제시된 실사 프레임워크는 각 단계의 도입 부분에 기존 프레임워크의 관련 조항 로드맵을 수록하고 있어, OECD 실사 프레임워크의 각 단계가 관련 AI 위험관리 프레임워크 해당 조항에 의해 어떻게 보완되고 연계되는지를 보여준다.

각 단계에는 필요에 따라 지원 조치 및 실사 절차를 이행하고 조정하는 방식을 더욱 구체적으로 설명하기 위해 "이행을 위한 실무 예시"가 포함되어 있다. 이러한 실무 예시는 이 지침의 맥락에 부합하도록 선정되었으며, 주요 AI 위험관리 프레임워크뿐 아니라 문헌 조사 및 전문가 자문을 바탕으로 도출되었다. 실무 예시는 포괄적인 점검 목록을 제시하기 위한 것은 아니다. 모든 실무 예시가 모든 상황에 적절한 것은 아니다(예: 히로시마 프로세스 국제 행동강령(Hiroshima Process International Code of Conduct)은 고도화된 AI 시스템을 대상으로 한다). 또한 기업은 일부 상황에서 추가적인 예시나 이행 조치가 유용하다고 판단할 수도 있다.

실사의 각 단계마다 수록된 표는 AI 위험 관리와 관련된 유사한 요구사항 또는 기대사항이 다른 국가 및 국제 프레임워크 내 어디에 규정되어 있는지 보여준다. 이러한 표와 관련 실무 예시는 여러 관할권에 걸쳐 관련 요구사항을 이행하는 과정에서 기업을 지원하기 위한 것이다. 비록 이 조항들은 기업책임경영 실무 프레임워크의 이행과 관련되지만, 다른 프레임워크에서의 기대사항은 그 범위와 성격이 달라질 수 있기 때문에, 이 표는 동등 여부를 판단하는 프레임워크는 아니다.

1 단계 – 기업책임경영을 기업 정책 및 관리 체계에 내재화

표 2.1. 1 단계: 기존 프레임워크 내 관련 조항 로드맵

인공지능 위험관리 프레임워크	관련 조항
아세안 인공지능 거버넌스 및 윤리 지침 **(이하 "아세안 가이드, ASEAN Guide")**	제 C.1 절: 1. 내부 거버넌스 구조 와 조치 및 부록 A: 2 내부 거버넌스 구조 및 조치
호주 인공지능 도입 지침 (이행 관행)	이행 관행 1, 2, 4
캐나다 고도화된 생성형 인공지능 시스템의 책임 있는 개발 및 관리에 관한 자발적 행동 강령 및 인공지능 시스템 관리자를 위한 이행지침(**이하** "**Canada CoC**").	책임성
유럽평의회 인공지능과 인권, 민주주의, 법치주의에 관한 기본 협약(유럽평의회, 2024) 및 그에 수반되는 인권, 민주주의, 법치주의의 관점에서 본 인공지능 시스템의 위험 및 영향 평가를 위한 관련 방법론 (**이하**"**CoE HUDERIA**")	HUDERIA 워크플로우
유럽연합 인공지능법 (**이하** "**EU AIA**")	제 9.1 조 ~ 제 9.3 조: 위험관리 시스템, 제 17.1 조: 품질 관리 시스템
유럽연합 디지털서비스법 (**이하** "**EU DSA**")	제 14 조: 약관, 제 45 조: 행동 강령
유럽연합 기업 지속가능성 실사 지침(**이하** "**EU CSDDD**")	제 7 조: 정책 및 위험관리 시스템에 실사를 통합
히로시마 프로세스 고도화된 인공지능 시스템에 관한 국제 행동강령 및 보고 체계 및 보고 프레임워크 국제 행동 강령(**이하** "**히로시마 프로세스 CoC**")	원칙 4(제 2 항), 원칙 5(제 1 항, 제 3 항, 제 4 항), 원칙 7
전기전자기술자협회 시스템 설계 시 윤리적 문제 해결을 위한 표준 모델 프로세스 7000-2021(**이하** "**IEEE 7000**")	6: 핵심 역할; 7: 운영 개념(ConOps) 및 맥락 탐색 절차

인공지능 위험관리 프레임워크	관련 조항
국제표준화기구/국제전기기술위원회 정보 기술 — 인공지능 — 위험관리 지침 23894 (**이하"ISO/IEC 23894"**)	5.1: 일반, 5.2: 리더십과 약속, 5.3: 통합, 5.4: 설계
국제표준화기구/국제전기기술위원회 38507:2022 정보기술 — IT 거버넌스 — 조직의 인공지능 사용에 관한 거버넌스 함의 (**이하 "ISO/IEC 38507"**)	4: 조직의 인공지능 사용에 대한 거버넌스 함의 (거버넌스 및 책임성 고려 사항 포함); 6: 인공지능 사용을 다루는 정책 (감독, 의사결정, 데이터 사용, 준수, 문화 및 가치 포함)
국제표준화기구/국제전기기술위원회 42001 정보 기술 — 인공지능 — 관리 시스템(**이하 "ISO/IEC 42001"**)	다음 항목에서 전반적으로 다룸. 4: 맥락, 5: 리더십, 6: 계획, 7: 지원, 8: 운영, 9: 성과 평가, 10: 개선. 식별된 위험을 해결하기 위하여 필요한 경우 조직적 및 기술적 조치를 이행 부속서에서 자세히 다룸. A.2 (인공지능 정책), 하위 통제 A.2.2 – A.2.4 및 위험관리를 위한 부속서 A.5.2 (인공지능 영향 평가)
일본 기업을 위한 인공지능 가이드라인 제 1.1 판(**이하" 일본 기업을 위한 인공지능 가이드라인"**)	제 2 부 E. '인공지능 거버넌스 구축,' 제 3 부, 제 4 부, 제 5 부, 부록 2: "제 2 절 E. 인공지능 거버넌스 구축", 부록 3, 4, 5
대한민국 인공지능 기본법	제 34 조
싱가포르 인공지능 검증 테스트 프레임워크	1.1.1 – 9.6.3
영국 과학혁신기술부 가이드라인: 인공지능 보증 소개 (**이하 "영국 과학혁신기술부 인공지능 보증 프레임워크"**)	3.2: 인공지능 보증 및 거버넌스; 6.1: 인공지능 보증 구축 단계
UN 기업과 인권에 관한 이행 원칙 (**이하"UNGPs"**)	운영 원칙 15 및 16: 정책 약속
미국 국가표준기술연구소 인공지능 위험관리 프레임워크(**이하 "US NIST AI RMF"**)	총괄(Govern)

1.1 단계 – 기업책임경영 관련 정책

기업은 OECD AI 원칙과 다국적기업 가이드라인에 포함된 원칙과 기준에 대한 자사의 약속을 명확히 설명하는 기업책임경영과 관련된 여러 정책을 수립, 채택 및 전파해야 한다. 이러한 정책에는 AI 개발 및 사용에 있어서 기업의 자체 운영 및 사업 관계에 있는 자와 관련되는 실사를 이행하기 위한 계획이 포함되어야 한다.

이행을 위한 실무 예시 (AI 가치사슬 내 모든 기업, 1-3 그룹)

1. 관련 기업책임경영 원칙 및 기준에 대한 약속 이외에도, 관련되는 범위에서 AI 시스템(즉, 인간 중심적이며, 공정하고 투명하며, 설명 가능하고, 견고하며, 안전하고, 보안이 확보되며, 책임 있는 시스템)의 설계, 개발, 배포, 운영 및 사용을 통한 OECD AI 원칙을 이행할 것을 약속한다.
2. 근로자, 근로자 대표 및 노동조합을 포함한 이해관계자가 적극적으로 참여하는 가운데, 위험관리 정책을 포함한 기업책임경영 관련 정책을 관련 국제, 지역, 국가 프레임워크의 원칙에 부합하도록 개발 또는 검토 및 업데이트한다.
3. 위험 평가(2 단계 참조)의 결과를 토대로 식별된 가장 중대한 위험을 해결하기 위한 기업의 접근 방식을 업데이트하거나 더욱 명확하게 규정한다(3 단계 참조).
4. 위험의 심각성과 발생 가능성을 낮음, 중간, 높음으로 판단하는 데 도움이 될 수 있도록, 그리고 그에 따라 적절한 위험 대응을 안내하거나 더 심층적인 실사를 개시하도록 위험 수용 임계값을 설정한다.
5. 적절한 경우, 위험관리 정책을 공개한다(예: 기업의 웹사이트에 게시하고, 해당되는 경우, 기업이 사업을 운영하거나 사업 관계를 유지하는 지역의 현지 언어로 제공). 경우에 따라, 기업은 특정 이해관계자 및 사업 관계에 있는 자에게 더욱 상세한 정책과 위험관리 정보를 제공하는 것이 필요하다고 판단할 수 있으며(5 단계 참조), 또는 특정 위험 및 쟁점에 대해 구체적인 약속을 할 수 있다.

6. 운영팀에 지침을 제공할 수 있을 만큼 충분히 정확하면서도, 미래의 발전을 위한 여지를 허용할 수 있을 만큼 충분히 유연하고 기술적으로 중립적인 정책을 고려한다.
7. 기업책임경영에 대한 약속과 현지국의 우선순위 간 일관성을 보장하기 위해, 관련 국가 전략과 정책이 당사의 위험관리 정책을 포함한 기업책임경영 관련 정책과 일치될 수 있도록 고려한다.

1.2 단계 - 내부 관리 시스템

기업책임경영 관련 사안과 신뢰할 수 있는 AI 를 기업의 정책, 감독기구, 조직 구조, 시스템, 프로세스 및 팀에 내재화하여, 정규 업무 프로세스의 일부로서 이행되도록 노력한다. 이때 국내 법률과 규정에서 상정되어 있을 수 있는 일부 기구의 잠재적 독립성, 자율성 및 법적 구조를 고려한다.

이행을 위한 실무 예시 (AI 가치사슬 내 모든 기업, 1~3 그룹)

1. AI 실사에 대한 감독 및 책임을 관련 고위 경영진에 부여하고, AI 분야의 기업책임경영 전반에 관한 책임은 이사회에 부여한다.
2. 관련 부서 전반에 걸쳐 정책의 각 요소를 이행할 책임을 배분하고, 특히 부정적 영향의 위험을 증가시키거나 감소시킬 가능성이 가장 큰 행동 및 의사결정을 하는 직원들(예: 개발팀, 데이터 수집, 데이터 주석 및 콘텐츠 모더레이션, 시스템 설계 및/또는 서비스나 제품 조달에 관여하는 직원, 그리고 중대한 결정을 내리도록 설계된 시스템)에 각별히 유의한다. 또한 위험관리와 관련된 역할과 책임, 그리고 의사소통 라인은 문서화하여 기업 전반의 개인 및 팀에게 전달하고 공유하는 것이 중요하다.
3. 부정적 영향에 관한 AI 위험관리 절차 정보를 수집하기 위해 기존의 정보 및 기록관리 시스템을 개발하거나 조정한다(예: 관련 팀이 AI 시스템을 목록화하고, 그들이 설계, 개발, 배포, 평가 및 사용하는 AI 시스템의 위험을 문서화하여 이를 전달하도록 하는 프로세스). 예를 들면 다음과 같다.
   가) 잠재적 위험에 관하여, AI 시스템을 개발하거나 배포한 팀 외부, 즉 해당 팀에 속하지 않는 기업 내 다른 부서로부터 피드백을 수집, 검토, 우선순위 설정 및 통합하기 위한 정책과 관행을 수립한다 (예: 조달, 영업, 준수, 수출통제, 마케팅 및 인사).
   나) AI 시스템을 개발하거나 배포한 팀이 위험에 관한 외부 및 내부의 피드백을 시스템의 설계 및 이행에 정기적으로 반영할 수 있도록 하는 메커니즘을 개발한다.
   다) 모든 사업관계 전반에 걸쳐 AI 시스템이 야기하는 위험을 명확하게 파악하고, 이를 내부 및 외부에 분명히 전달하기 위한 투명성 정책과 절차를 수립한다.
4. 위험 및 위험관리 의사결정을 공유하고 문서화하기 위해, 관련 고위 경영진과 이행 부서 간의 의사소통 채널을 구축하거나 기존 채널을 활용한다.
5. 해당 정책을 조직의 관련 직원에게 전달한다(예: 직원 오리엔테이션 또는 교육 시, 설계 검토 과정 중, 고객 관계 관리 담당 직원 대상 문건, 이사회 회의 상시 안건 등).

6. 직원들이 위험관리와 관련된 자신의 책무 및 조직의 위험관리 관행을 숙지할 수 있도록, 정책, 절차 및 교육을 개발한다.

7. 기업의 AI 관련 기업책임경영 관련 정책과 관련된 사항에 대하여 팀 및 사업부 전반에서 일관성이 확보되도록 장려한다. 예를 들어, 위험에 관한 정보 및 위험 관련 의사 결정을 공유하기 위한 다양한 기능을 갖춘 그룹 또는 위원회를 구성하고, AI 에 관한 기업책임경영 관련 정책의 도입에 영향을 미칠 수 있는 사업부를 의사결정에 포함하는 방법이 있다.

   가) AI 실사의 이행과 관련하여 명확한 역할과 책임을 갖춘 전담 위원회 또는 실무 작업반의 설치를 고려한다. 더 폭넓은 이해관계자 참여 노력의 일환으로, 위원회에 독립적인 외부 전문가를 위촉하는 방안도 고려한다.

   나) 기업의 AI 관련 기업책임경영 관련 정책과 양립 가능한 직원 및 사업부를 위한 인센티브를 마련한다(예: 직원 평가에 에너지 소비, 이해관계자 참여 활동 수행 및 기업책임경영 관련 정책 도입 등 기업책임경영 관련 정책 이행과 연계된 목표 또는 지표 포함, 기업책임경영 관련 과제에 대한 해결책 개발과 연계한 보상 기반 챌린지 또는 헤커톤(hackathon)).

8. IT, 보완, 조달 및 소프트웨어 개발 생애주기(SDLC) 등 전반의 기존 프로세스를 검토하여, 이러한 프로세스가 AI 실사와 관련하여 마련된 정책 및 프로세스와 어떻게 상호 운용될 것인지를 식별한다.

9. AI 위험관리와 관련된 폭넓은 의사결정을 촉진한다(예: 관련 직원 또는 이해관계자가 다양한 학문 분야, 경험, 전문성 및 배경으로 구성되도록 함).

10. 인시던트(incident) 모니터링 및 대응 시스템을 구축한다.

11. 기업은 국내 규정을 준수하여, 직원이 기업책임경영 관련 쟁점과 관련된 문제 또는 이의를 제기할 수 있도록 이의신청 또는 내부고발 절차를 마련하거나, 기존 이의신청 또는 내부고발 절차를 토대로 하거나, 또는 이를 조정한다.

12. AI 시스템의 설계, 개발, 배포 및 사용에서 비판적 사고의 마음가짐(mindset)을 함양하기 위한 정책 및 관행을 마련한다.

13. AI 시스템을 안전하게 업그레이드하고, 사용 종료하며, 단계적으로 종료하기 위한 프로세스를 개발하며, 이는 위험을 증가시키거나, 새로운 위험을 야기하거나, 기업의 신뢰성을 저하시키지 않는 방식으로 한다.

14. AI 시스템과 연계된 장애, 인시던트, 또는 부정적 영향에 대처하기 위한 비상 계획을 수립한다.

15. 기업 전반에서 이해관계자가 관련 기업책임경영 프로세스의 이행을 평가 및 모니터링할 수 있도록 하는 이해관계자 참여 계획을 수립하고, 근로자, 근로자 대표 및 노동조합을 포함한 이해관계자가 기업책임경영 프로세스에 정기적으로 참여하도록 보장한다.

16. 고도화된 AI 시스템의 안전, 보안 및 신뢰성을 보장하기 위한 공동의 표준, 도구, 메커니즘 및 모범 관행을 개발, 고도화, 그리고 적절한 경우 이를 채택하기 위해 협력 이니셔티브를 수립하거나 이에 참여한다. 그 예로 OECD 신뢰할 수 있는 AI 를 위한 도구 카탈로그(OECD Catalogue of Tools for Trustworthy AI)를 들 수 있다.

1.3 단계 – 사업 관계에 있는 자에 대한 기대사항

사업 관계에 있는 자의 참여 과정에 기업책임경영 관련 기대사항과 정책을 반영한다.

이행을 위한 실무 예시 (AI 가치사슬 내 모든 기업, 1~3 그룹)

1. AI 를 위한 기업책임경영 관련 정책의 핵심 사항을 투입요소 공급자, 판매 파트너 및 시스템 사용자를 포함한 관련 사업 관계에 있는 자에게 전달한다.
2. 기업이 판매 파트너, 즉, 최종 고객을 대상으로 제품 및 서비스를 구매, 유통, 통합 및 재판매하는 사업 관계에 의존하는 경우, 지속적인 실사를 보장하기 위해 판매 채널 전반에 걸쳐, 그리고 관련 외부 이해관계자와 소통할 수 있는 채널을 구축한다.
3. 관련 기업책임경영 관련 사안에 대한 실사를 반영하여 공급업체 또는 고객에 대한 사전 적격 심사 절차를 마련하고 시행하며, 가능한 경우 이러한 절차를 특정 위험과 맥락에 따라 조정하여, 사업 관계에 있는 자 및 그들의 활동 또는 운영 분야와 관련이 있는 것으로 식별된 기업책임경영 관련 사안에 초점을 맞추도록 한다.
4. 관련되는 경우, 특히 중소기업과의 사업 관계와 관련하여, 공급업체, 고객, 최종 사용자 및 기타 사업 관계에 있는 자와 관련하여 기업책임경영 관련 정책을 이해하고 적용하며 실사를 이행할 수 있도록 이들에게 적절한 자원을 제공하는 것을 고려한다(예: 관련 사업 관계에 있는 자 및 근로자와 함께 대상별 인식 제고 활동, 교육 또는 역량 강화에 참여). 바람직하게는 그리고 적절한 경우에는 고객 및 최종 사용자에게 제공되는 자원과 추가 지침은 가능한 한 구체적이고 대상에 맞게 제공되어야 한다.
5. 기업의 사업 운영 방식상 공급업체, 사용자 및 기타 사업 관계에 있는 자의 기업책임경영 관련 정책 이행 능력을 저해할 수 있는요인을 파악하고 이를 해결하고자 노력한다. 예컨대, 알고리즘, 데이터셋, 소프트웨어 또는 하드웨어를 조달할 때의 기업의 구매 관행과 같은 사례를 포함한다.

2 단계 - 실제 및 잠재적인 부정적 영향의 식별 및 평가

표 2.2. 2 단계: 기존 프레임워크 내 관련 조항 로드맵

인공지능 위험관리 프레임워크	관련 조항
아세안 가이드	제 C.2 절: AI 보강 의사결정에서 인간 관여 수준 결정; 제 C.3 절. 운영 관리; 및 부속서 A: 3: AI 보강 의사결정에서 인간 관여 수준 결정
호주 인공지능 도입 지침(이행 관행)	이행 관행 2 및 3.2
Canada CoC	안전 조치 1
CoE HUDERIA	맥락 기반 위험 분석 (COBRA), 영향 평가 (IA)
EU AI ACT	제 9 조 제 2 항: 이미 알려지고 예견 가능한 위험을 식별, 분석 및 평가, 제 55 조 제 1 항: 시스템적 위험을 갖는 범용 AI 모델에 대한 의무
EU DSA	제 34 조: 위험 평가
EU CSDDD	제 8 조 및 제 9 조: 실제 또는 잠재적 부정적 영향을 식별 및 평가하고, 필요한 경우, 실제 및 잠재적인 부정적 영향의 우선순위 설정
히로시마 프로세스 CoC	원칙 1, 2, 6 및 7
IEEE 7000	8. 윤리적 가치 도출 및 우선순위 설정 절차; 9. 윤리적 요구사항 정의 절차
ISO 31000 & ISO/IEC 23894	6.3: 범위, 맥락, 기준 – 6.4: 위험 평가

인공지능 위험관리 프레임워크	관련 조항
ISO/IEC 42001	6: 기획 (6.1.1, 6.1.2, 6.1.4); 8: 운영 (8.2, 8.4); 부속서 A.5 (AI 시스템 영향 평가); 하위 통제 A.5.2–A.5.5
ISO/IEC 42005	5.8 실제 및 잠재적 영향
일본 기업을 위한 인공지능 가이드라인	부록 1.B. AI 의 편익 및 위험; 부록 2. A. 경영진에 의한 AI 기버넌스 및 모니터링 구축
대한민국 인공지능 기본법	제 32 조, 제 33 조, 및 제 35 조
싱가포르 인공지능 검증 테스트 프레임워크	안전 4.1.1 – 4.3.1
영국 과학혁신기술부 인공지능 보증 프레임워크	4.1.1: 측정; 4.1.2: 평가, 5.4: 위험 평가, .5; 영향 평가; 5.6: 편향 감사
UNGPs	운영 원칙 17, 18
US NIST AI RMF	총괄(Govern) 1, 4, 파악(Map) 1-5

2.1 단계 –위험의 초기 범위 설정(scoping)

위험이 존재할 수 있는 지점과 위험이 가장 중대할 수 있는 지점을 식별하기 위해 범위 설정 작업을 수행한다.

AI 시스템의 개발 및 사용과 관련된 위험을 설명하고 기업이 그러한 위험을 해결하기 위해 취해야 할 조치를 권고하는 프레임워크가 국제, 지역, 국가적 차원에서 다수 존재한다. 이 지침의 목적 중 하나는 기업이 다른 위험관리 프레임워크를 이행하는 것을 지원하는 데 있다. 이러한 프레임워크 목록은 기업의 실사 노력과 관련될 수 있는 잠재적인 위험을 파악하는 데 참고가 될 수 있으나, 이는 포괄적인 목록은 아니며, 다수의 위험은 서로 중첩되고 상호 연계되어 있을 수 있다. 또한, 모든 프레임워크가 모든 기업에 관련되는 것은 아니다. 각 기업은 자사의 개별적 여건에 비추어 우선순위 위험 영역을 식별할 것으로 기대된다.

위험 해결 순서를 우선순위로 정할 때(2.4 단계 참고), 기업은 특정 위험이 다른 위험과 밀접하게 연계되어 있거나 다른 위험을 가능하게 할 수 있다는 점을 고려해야 한다.

많은 신기술이 그러하듯, 공공 및 민간의 악의적 행위자가 AI 시스템을 악용하는 방법을 찾아낼 수 있다. AI 시스템은 이중용도 가능성이 크고 다른 목적으로 용도 전환될 수 있기 때문에, 그 설계 의도가 무해한 것이었더라도 유해한 사용으로 이어질 수 있다.

이행을 위한 실무 예시 (AI 투입요소 공급자, 1 그룹)

1. AI 시스템 개발에 적극적으로 관여하는 사업 관계를 식별한다(즉, 2 그룹에 해당하는 사업 관계에 있는 자).
2. 2.1 단계에 제시된 AI 시스템 관련 위험 정보를 포함하여, 사업 관계에 있는 자가 개발 중인 AI 시스템의 유형을 초기에 파악한다.

이행을 위한 실무 예시 (AI 시스템 생애주기 내 기업, 2 그룹)

1. AI 시스템 생애주기에서 기업의 역할을 이해하고, 기업과 연계된 AI 시스템에 대한 최신 등록부(registry)를 유지한다.

2. AI 시스템의 개발 및/또는 사용과 관련된 잠재적인 부정적 영향의 위험을 파악한다. 이는 해당 AI 시스템과 연관될 수 있는 위험이 무엇인지에 관한 자료 조사 및 협의, 그리고 해당 AI 시스템 또는 그 시스템을 개발하거나 수정한 기업에 대한 위험 관련 보고자료를 수집 및 검토하는 방법 등을 통해 수행될 수 있다. 위험 정보의 내부 출처에는 1.2 단계에서 설명된 인시던트 모니터링 메커니즘, 감독기구 및 의사소통 채널이 포함된다. 위험 정보의 외부 출처에는 국가인권기구, 국가 AI 관측기구, 규제기관, 부문별 주무부처, 국제 및 지역 인권 책임성 메커니즘, 시민사회단체 및 근로자, 근로자 대표, 노동조합, 공개 인시던트 데이터베이스,[11] 법원 사건, 고충처리 메커니즘, 그리고 영향을 받고 위험에 처한 지역사회의 참여(engagement)가 포함된다. 또한 「OECD AI 시스템 분류 프레임워크」(The OECD Framework for the Classification of AI Systems)는 AI 시스템 관련 위험을 이해하기 위해 기반으로 삼아 발전시킬 수 있는 토대를 제공한다(OECD AI 시스템 분류 프레임워크 참조 (OECD, 2022[13])).

3. 위험 정보는 다음과 관련될 수 있다.

   가) AI 시스템 간 상호작용. 두 AI 시스템이 개별적으로는 무해할 수 있으나, 적절한 안전장치(guardrail) 없이 상호작용하도록 배포될 경우 피해를 야기할 수 있는 역량이 커질 수 있다.

   나) AI 시스템의 특성, 그 사용 사례의 특성, 또는 AI 시스템이 적용되는 제품의 특성(예: 얼굴 및 감정 인식 기술, 예측 치안, 감시 기술 및 마케팅 기술)

   다) AI 시스템의 사용자 유형 및 사용 방식, 그리고 사용자의 업무 목적(예: 미디어 기업, 보건의료 제공자, 사법기관, 법 집행기관, 정보기관 및 개인)

   라) 시스템의 입력데이터 출처, 소프트웨어, 물리적 확장요소, 인간개입(human-in-the-loop) 요소(예: 데이터 주석화 및 콘텐츠 모더레이션 과정에서의 노동 위험, 비공개 데이터 또는 지식재산(IP)의 입수)

   마) AI 시스템이 배포되는 지리적/사회경제적/정치적 맥락(예: 부패 수준이 높은 지역, 인권 및 노동권 침해가 심각한 지역 및 분쟁 지역)

   바) AI 시스템의 역량 및 과학적 타당성(예: 중요한 업무를 부적절하거나 불충분하게 수행하여 발생하는 위험)

   사) AI 시스템을 의도된 목적에 부합하게 사용하는 경우와 관련하여, 혹은 합리적으로 예견 가능한 부적절한 사용이나 오남용 조건 하에서 사용하는 경우와 관련하여, 이미 알려져 있거나 합리적으로 예견 가능한 상황으로서 부정적 영향을 야기할 수 있는 것(부정적 영향 위험이 잠재적으로 더 높을 수 있는 AI 시스템 사용의 지표는 박스 2.1 참조)

4. 모든 AI 시스템에 대한 심층 평가를 수행하는 것이 실행 불가능하거나 실무상 어려운 경우, 상향 보고(escalation) 체계를 고려한다(예: 모든 신규 AI 시스템에 대해 설문지를 적용하여 기준선 위험 수준을 평가하고, 고위험 지표가 있는 경우 추가 심층 실사를 위해 해당 사안을 상위 단계로 상향 보고한다).

5. 범위 설정(scoping) 작업의 결과는 정기적으로 그리고 중대한 변화가 발생하는 경우에 검토한다(예: 신규 국가에서의 사업 수행, 신규 AI 시스템 또는 제품의 개발, 조직 개편, 신규 사업 관계 형성 및 관련 법령의 중대한 변경이 있는 경우).

6. 기업이 위험을 이해하고 AI 시스템의 고위험 사용을 정의하는 데 도움이 되도록, 소비자 보호 또는 부문별 법령, 규정 및 표준(예: 보건의료, 제조 및 항공 등)과 같은 영역의 관련 법령, 규정 및 표준을 고려한다.

박스 2.1. 서로 다른 프레임워크에서 도출된 AI 시스템의 고위험 사용 예시

AI 시스템의 고위험 사용은 맥락에 따라 달라질 것이며, 이를 식별하기 위한 기준은 관할권별로 상이하다. 아래의 AI 적용 사례는 일부 주요 AI 위험관리 프레임워크에서 잠재적으로 고위험일 수 있는 것으로 식별된 것이다.

- 화학, 생물, 방사능 및 핵 위험을 야기할 수 있는 사용. 예컨대 무기 개발, 설계 및 획득을 포함하여, 관련 분야에 대한 진입장벽을 낮출 수 있는 방식이 이에 해당한다. 이와 관련해서는 이중용도 측면 또한 함께 고려하는 것이 중요하다.
- 보건 및 안전에 위험을 야기할 수 있는 핵심 기반 시설에서의 사용(예: 운송)
- 개인의 삶에서 교육 및 직업에 대한 접근성을 결정하거나 이에 강한 영향을 미칠 수 있는 교육 또는 직업 훈련 분야에서의 사용(예: 시험 채점, 과제 도우미 서비스)
- 정신건강 조언 제공 및 정서적 동반 제공과 관련된 사용, 특히 미성년자 또는 그 밖의 취약한 개인이 관련되는 경우
- 고용, 근로자 관리 및 고용 기회와 관련된 사용(예: 채용 절차에서의 이력서 분류 소프트웨어)
- 필수적인 민간 및 공공 서비스에 대한 접근을 허용하거나 박탈하는 데 사용(예: 의료서비스에 대한 접근 또는 시민의 대출 가능 여부에 영향을 미치는 신용 평가)
- 법 집행 및 사법행정과 관련된 사용(예: 형량 결정, 가석방 및 보호관찰, 재판 전 석방 및 구금, 감시, 범죄 예측 및 예측 치안, 포렌식 분석)
- 이수, 망명 및 국경 통제 관리와 관련된 사용(예: 여행 문서 진위 확인 또는 망명 신청과 관련된 의사결정)

출처: 인공지능법(AIA) 제 6 조 및 부속서 I 및 II; 유럽연합, (2024[14]) 인공지능에 관한 조화된 규칙을 마련하고, 규정 (EC) No 300/2008, (EU) No 167/2013, (EU) No 168/2013, (EU) 2018/858, (EU) 2018/1139 및 (EU) 2019/2144 를 개정하는 2024 년 6 월 13 일자 유럽의회 및 이사회 규정 (EU) 2024/1689, https://eur-lex.europa.eu/legal-content/EN/TXT/?uri=OJ:L_202401689; G7 (2023[15]) 고도화된 AI 시스템에 관한 히로시마 프로세스 국제행동강령(Hiroshima Process International Code of Conduct for Advanced AI Systems), https://www.mofa.go.jp/ecm/ec/page5e_000076.html.

이행을 위한 실무 예시 (AI 시스템 사용자, 3 그룹)

1. 2.1 단계 54(나)항에 기술된 AI 시스템 관련 위험 정보를 포함하여, 기업 내 AI 시스템의 모든 사용 현황(예: 인사, 마케팅, 영업, 고객서비스, 조달 및 실사 등)을 우선 파악하고, 그 중 심층 실사가 필요한 사용을 검토한다. 저위험의 경우에는 추가적인 심층 실사 활동이 필요하지 않을 수 있다.
2. 운영, 제품 및 서비스에 사용되는 AI 시스템을 개발 및 배포하는 사업 관계를 식별한다.

2.2 단계 – 가장 중대한 위험에 대한 심층 평가

식별된 위험 영역 중 가장 중대한 영역부터 시작하여, (1) 기업 자체 활동과 (2) 기업의 사업 관계(예: 공급업체, 고객 및 사용자)와 관련된 우선순위 위험에 대해 반복적이며 점차 심화되는 평가를 수행한다.

박스 2.2. 위험 기반 접근방식의 이해

다국적기업 가이드라인은 기업이 부정적 영향에 대해 위험 기반 접근방식을 취할 것을 권고하면서도, 모든 부정적 영향에 즉시 대응하는 것이 언제나 가능하지 않을 수 있다는 점을 인정한다. 이러한 개념은 AI, 특히 범용 AI 시스템에 실사를 적용하는 데 필수적이며, 이는 일부 기업이 해당 AI 시스템을 사용하는 수백 또는 수천 개의 사업 관계를 통해 발생한 영향과 관련될 수 있기 때문이다.

이와 관련하여, 다국적기업 가이드라인은 **기업이 다수의 사업적 관계를 보유한 경우, 부정적 영향의 위험이 가장 중대한 일반적 영역을 식별하고, 이러한 위험 평가에 기초하여 그에 따라 실사의 우선 순위를 설정하도록 권장된다**는 점을 명시하고 있다. 또한 위험 기반 접근 방식은, AI 시스템이 의도된 목적에 따라 사용되는 것과 관련하여 이미 알려져 있거나 합리적으로 예견 가능한 상황, 또는 합리적으로 예견 가능한 부적절한 사용이나 오남용 조건에서의 사용과 관련된 상황도 고려해야 한다.

부정적 영향의 중대성 (때로 '현저성'(saliency)이라고도 함)은 그 발생 가능성과 심각성의 함수로 이해된다 (OECD, 2018[3]). 영향의 심각성은 그 규모, 범위 및 회복 불가능성에 따라 판단된다(표 2.3 참조). 규모는 부정적 영향의 심각성을 의미한다. 범위는 영향의 도달 범위를 의미하는데, 예를 들어 영향을 받았거나 받게 될 개인의 수 등을 포함한다. 회복 불가능성은 부정적 영향 발생 이전과 동등한 상태로 상황을 복구시키는 능력에 대한 제한성을 의미한다. 심각성은 절대적인 개념이 아니며 상황에 따라 달라진다. 일부 프레임워크에서 '확률'(probability)로 설명하는 발생 가능성의 개념은 심각성 요인과 상호 연계되어 있으며, 심각성과 함께 고려되어야 한다.

예를 들어, 어떤 AI 시스템이 발생 가능성은 낮지만 매우 심각한 위험과 발생 가능성은 높지만 상대적으로 덜 심각한 위험을 동시에 내포하는 경우, 해당 AI 시스템의 개발에 관여한 기업은 두 위험 모두를 고려하고 모니터링하며, 기업이 그 시점에서 가장 중대하다고 보는 위험에 대응하기 위한 절차가 마련되어 있음을 입증해야 한다.

기업은 신뢰할 수 있는 우선순위 설정 절차와 성과 지향적이며 기한이 명확한 목표에 대한 이행 진척을 제시할 것으로 기대된다. 위험 우선순위 설정과 관련하여 이해관계자를 참여시키고, 우선순위 기준 및 그 근거를 투명하게 공개하는 것은 실사 절차의 신뢰성을 강화하는 데 도움이 된다 (박스 2.6 도 참고).

이행을 위한 실무 예시 (AI 시스템 생애주기 내 기업, 2 그룹) – 자사 운영에서의 위험 식별

1. 평가 대상인 AI 시스템 또는 AI 행위자에 적용되는 구체적인 법적 요구사항과 국가/국제/산업 표준을 목록화하며, 여기에는 관련 국내 및 국제 기업책임경영과 노동 기준을 포함한다.

2. TEVV 정보(시험 및 평가, 검증 및 유효성 확인)를 검토하며, 여기에는 실험 설계, 데이터 수집 및 선정(예: 가용성, 정확성, 대표성 및 적합성), 시스템 신뢰성, 구성 타당도(construct validation) 관련 사항이 포함된다. AI 시스템 위험을 측정, 시험, 또는 완화하는 데 사용되는 도구 또는 지표 자체가 검증되어 있고, 입증된 정량적 유용성을 지니며, 모든 측정 항목 전반에 걸쳐 품질 보증 시험이 수행되도록 노력한다.
3. 위험과 관련이 있는 경우, 인간 대상자가 참여하는 AI 시스템 평과 결과를 검토한다.
4. 시스템 출력이 인간에 의해 어떤 방식으로 활용되고 감독될 것으로 예상되는지 검토한다.
5. 해당 AI 시스템을 개발 또는 배포한 팀 외부의 도메인 전문가, 사용자 및 기업과 협의한다.
6. 근로자, 근로자 대표 및 노동조합, 영향을 받았거나 잠재적으로 영향을 받을 지역사회, 독립적인 전문가 및 시민사회 단체를 포함하는 이해관계자와 협의하고 참여를 유도하여, 중대한 위험에 관한 정보를 수집하되, 효과적인 이해관계자 참여를 저해할 수 있는 잠재적 장벽을 고려한다. 이해관계자와의 직접 협의가 불가능한 경우, 인권 옹호자, 노동조합 및 시민사회 단체를 포함하는 독립적인 전문가의 의견을 수렴하는 등 합리적인 대안을 고려한다.
   가) 영향을 받을 가능성이 있는 이해관계자와는 그들에게 영향을 미칠 수 있는 프로젝트 또는 활동의 착수 전 및 진행 중에 협의한다.
   나) 영업 비밀 및 지적재산권 보호를 적절히 고려하는 범위에서, 일부 이해관계자가 AI 시스템 테스트(예: A/B 테스트)에 참여하거나 이를 검토할 수 있도록 허용하는 방안을 고려한다.
7. 배포 전 단계 및 개발 단계에서의 부정적 영향 위험(예: 모델 탈취, 내부 사용에서 비롯되는 오남용)을 고려한다.
8. AI 시스템의 견고성 및 보안에 대한 위험을 예컨데 수학적 보장 또는 적대적 견고성 시험(adversarial robustness testing)을 통해 식별한다.
9. 데이터 및 모델 수준에서의 프라이버시 및 데이터 거버넌스 위험을 식별한다(박스 2.3 참조).
10. 인권에 대한 부정적 영향과 사회 및 공공의 이익에 대한 피해를 야기하는 결과를 촉진하거나 조장하는 AI 시스템의 위험을 식별한다.

박스 2.3. AI 시스템 생애주기 전반에서 데이터 품질, 상호운용성 및 접근성 관련 위험 식별

AI 맥락에서의 데이터 수집 및 처리는 여러 위험을 수반하며, 이를 적절히 해결하지 못할 경우 AI 시스템의 신뢰성과 그 출력 및 결과의 정확도를 훼손하여 부정적 영향을 야기할 수 있다. 이러한 영향은 불법적 또는 부적절하게 취득한 데이터, 조작된 데이터, 그리고 데이터에 대한 비대칭적 접근에서 비롯될 수 있다. 이러한 영향은 데이터 수준과 모델 수준에서, 그 교차 지점에서, 그리고 인간과 AI 시스템 간 상호작용에서 발생할 수 있다.

- 데이터 수준: 데이터 보호 영향 평가는 위험을 평가하는 표준 절차이다. 이러한 절차는 일부 관할권에서 법적으로 제도화되어 있다. 데이터 보호 영향 평가는 학습 데이터가 악의적으로 조작되어 모델의 작동에 영향을 미치는 데이터 포이즈닝(data poisoning) 위험도 고려한다.

- 모델 수준: AI 모델의 보안은 다음을 기준으로 평가할 수 있다.
  1. 악의적 행위자가 가질 수 있는 접근 수준, 즉 "블랙 박스"(예: 모델에 대한 지식이 없는 상태)에서부터 "완전한 투명성"(예: 모델과 그 학습 데이터에 관한 완전한 정보)까지
  2. 공격이 발생할 수 있는 단계(예: 학습 단계 또는 추론 단계)
  3. 위협 프로파일을 고려할 때, 수동적 공격(예: "정직하지만 호기심이 많은") 또는 능동적 공격 (예: 완전히 악의적인)이 발생할 가능성
  4. 모델이 데이터의 국경 간 이전에 의존하는지 여부(예: 개발자가 다국적기업이고 데이터가 여러 관할권에서 수집되는 경우, 또는 모델 개발의 일부가 다른 주체에게 외주화되는 경우)
- 데이터와 모델 수준의 교차 지점: 위험에는 모델과의 상호학습을 통해 학습 데이터셋의 특정 구성원에 대한 추론이 가능해지는 문제가 포함된다. 취약성 수준을 평가하는 기법으로는 통계적 공개, 모델 역추론, 집단(class) 대표자 추론, 구성원 추론 및 속성 추론 등이 포함된다.
- 인간 – AI 상호작용: 교육, 체크리스트 및 검증 절차는 인간과 시스템 간의 상호작용에서 비롯되는 위험을 식별하는 데 도움이 될 수 있다(예: AI 시스템의 프라이버시 또는 데이터 거버넌스를 훼손하는 개발자 또는 사용자의 의도치 않은 행위 또는 미이행)

1980 년에 채택되고 2013 년에 개정된 「OECD 프라이버시 가이드라인」(OECD Privacy Guidelines) (OECD, 2015[16])은 프라이버시에 관한 OECD 작업의 초석이며, 프라이버시 및 데이터 보호에 관한 글로벌 최소 기준으로 인정된다. 아울러, 「OECD 프라이버시 가이드라인 이행 지침」(Implementation Guidance for the OECD Privacy Guidelines)의 '책임성에 관한 장'(Chapter on Accountability)은 프라이버시 관리 프로그램을 통해, 프라이버시 가이드라인에 규정된 책임성 원칙을 이해관계자가 더욱 잘 이해하고 이행하는 데 도움을 줄 수 있다. 이러한 프로그램은 위험 기반 접근방식을 바탕으로, 신흥 기술이 제기하는 도전과제를 포함한 새로운 위험과 도전과제를 조직이 해결하는 데 유용한 수단이 된다.

출처: OECD (2023[17]), 「OECD AI 분야에서의 책임성 강화: 신뢰할 수 있는 AI 를 위한 생애주기 전반의 위험 통제와 관리」(*OECD Advancing accountability in AI): Governing and managing risks throughout the lifecycle for trustworthy AI*, https://doi.org/10.1787/2448f04b-en; OECD (2013[18]), 「프라이버시 보호 및 개인 정보의 국경 간 이전에 관한 가이드라인」(Gui*delines governing the protection of privacy and transborder flows of personal data)*, https://legalinstruments.oecd.org/en/instruments/OECD-LEGAL-0188.

이행을 위한 실무 예시 (AI 시스템 생애주기 내 기업 - 2 그룹) – AI 시스템을 사용하는 사업 관계와 관련된 위험 식별

1. 우선순위로 선정된 위험과 관련하여, 조직의 관련 운영 또는 사업 관계를 파악한다.
2. 관련 고위험 사업 관계에 있는 자가 (1 단계에 따라) 실사 정책과 내부 관리 체계를 갖추고 있는지 검토한다.
3. 사업 관계에 있는 자에 대한 평가, 특히 데이터 보강 서비스의 경우에 있어서는, 가능한 경우, 조직 자체 또는 제 3 자가 수행한 영향 평가, 법률 검토, 준법(compliance) 관리 시스템, 재무 감사, 산업안전보건 점검 결과,

근로자 조직, 노동조합 및/또는 시민사회 보고, 그리고 조직이 수행하였거나 산업 이니셔티브, 다중 이해관계자 이니셔티브 및 "고객 파악"(KYC) 절차를 통해 수행된 기타 관련 평가에서 얻은 정보를 활용한다.

4. 저위험 판매에 불필요한 부담을 주지 않으면서 잠재적 고위험 판매를 표시할 수 있도록 상향 보고 체계 도입을 고려한다. 일부의 경우, 이 절차는 수출 통제 및 제재 관련 기존 준법 절차와 관련되거나 통합될 수 있다. 이는 다음을 포함한다.

   가) 부정적 영향의 위험이 높은 판매 건을 표시하기 위한 기준을 설정하고, 그러한 판매 건으로 표시된 경우, 판매를 승인하기 전에 추가 실사를 수행한다.

   나) 최종 사용자 위험 및 고객 실사에 관해 관련 직원을 교육한다.

   다) 영업팀 및 영업 파트너에 대한 성과 인센티브에 기업책임경영 관련 정책을 반영한다.

   라) 영업 파트너 계약에 기업책임경영 관련 요구사항을 반영한다.

   마) 영업 파트너에게 기업책임경영 실사에 관한 교육 및 지침을 제공한다.

   바) 영업 파트너를 위한 위험 정보 보고 메커니즘을 구축한다.

이행을 위한 실무 예시 (투입요소 공급업체 및 AI 시스템 이용자, 1, 3 그룹)

1. 실사 절차에서 고위험으로 표시된 2 그룹 활동에 관여하는 기업과 거래할 때, 기업은 해당 사업 관계에 있는 자와 직접 소통하여 그들의 실사 노력에 대해 더욱 이해할 수 있도록 해야 하며, 적절한 경우 이들 사업 관계에 있는 자가 실제 및 잠재적인 부정적 영향을 해결하기 위한 추가 조치를 취하도록 권고해야 한다. 사업 관계에 있는 자로부터 수집해야 할 구체적인 실사 정보는 다음이 포함된다.

   가) 해당 AI 행위자가 책임 있는 AI 에 관한 국내 또는 국제 표준을 준수하겠다고 한 약속(예: 히로시마 프로세스 행동강령, 유럽연합 인공지능협약, 유럽연합 인공지능법 및 또는 디지털서비스법(DSA)에서 파생되는 관련 행동 강령)

   나) AI 시스템과 관련하여 식별되고, 우선순위가 정해지고, 평가된 중대한 부정적 영향 또는 위험

   다) 어떤 위험을 먼저 다룰지 우선순위를 정하는 기준(2.4 단계 참조).

   라) 위험을 예방하거나 완화하기 위해 이미 취했거나 계획된 조치, 여기에는 가능한 경우 개선을 위한 예산 일정, 개선 벤치마크 및 그 성과를 포함(3 단계 참조).

   마) 이행 상황과 결과를 추적하기 위한 조치(4 단계 참조)

   바) 모든 구제 제공 또는 그에 대한 협력(6 단계 참조)

2. 이용 가능한 실사 정보가 없거나, 사업 관계에 있는 자가 위험 평가에 필요한 수준의 충분한 세부 정보를 제공하지 않은 경우, 기업은 해당 사업 관계에 있는 자가 공개를 가능하게 하도록 소통을 계속하는 한편, 기존 평가 자료, 예를 들어 협업적인 산업 주도 또는 다중 이해관계자 이니셔티브를 통해 공유되는 평가, 학술 연구, AI 안전 등급 평가 서비스 제공자의 평가, NGO 보고서 또는 기타 시장조사 서비스를 참고할 수 있다.

2.3 단계 –실제 또는 잠재적 영향에 대한 관여 유형 평가 (야기, 기여, 직접적인 연결)

식별된 실제 또는 잠재적인 부정적 영향에 대해 기업이 어느 정도 관여하고 있는지 평가한다. 구체적으로, 해당 조직 또는 관련 사업 관계가 그 부정적 영향을 야기하였는지(또는 야기하게 될 것인지), 그 부정적 영향에 기여하였는지(또는 기여하게 될 것인지), 또는 그 부정적 영향이 사업 관계를 통해 기업의 운영, 제품 또는 서비스와 직접적으로 연결되어 있는지(또는 연결될 것인지)를 평가한다. 기업과 부정적 영향 간의 관계는 고정되어 있지 않다. 예를 들어, 상황이 변화함에 따라, 그리고 식별된 위험 및 부정적 영향을 해결하기 위해 수행된 실사와 취해진 조치가 영향 발생 위험을 낮추는 정도에 따라, 그 관계는 달라질 수 있다.

박스 2.4. 위험에 대한 관여 정도의 이해

모든 기업은 실사를 수행할 것으로 기대되지만, 실사의 수준은 식별된 실제 또는 잠재적인 부정적 영향에 대한 관여 정도에 따라 달라진다. 부정적 영향을 야기하는 기업은 잠재적 영향이 발생하지 않도록 관련 활동을 중단하거나 이를 예방할 것으로, 실제로 발생한 부정적 영향으로 인해 야기된 피해는 구제할 것으로 기대된다.

부정적 영향에 기여한 기업은 잠재적 영향에 대한 자사의 기여를 중단하거나 예방하고, 실제로 발생한 피해 및 그 피해를 야기한 영향의 사용과 관련하여 자사의 기여 부분을 구제할 것으로 기대된다. 또한 필요한 경우, 추가적인 위험을 예방하거나 완화하기 위해 사업 관계에 있는 자에 대해 영향력을 강화할 것으로 기대된다. 기업은 자사의 활동이 다른 주체들의 활동과 결합되어 그 부정적 영향을 야기하는 경우, 또는 자사의 활동이 다른 주체가 부정적 영향을 야기하도록 원인을 제공하거나 이를 용이하게 하거나, 또는 유인하는 경우, 그 영향에 기여한 것으로 간주된다. 기여는 실질적이어야 하며, 따라서 경미하거나 사소한 기여는 포함되지 않는다.

부정적 영향에 직접 연결된 기업은 사업 관계에 있는 자가 부정적 영향 또는 위험을 예방하거나 완화하도록 촉구하기 위해 영향력을 행사하고, 필요한 경우 이를 강화할 것으로 기대된다. “연결”은 다른 주체 (즉, 사업 관계)를 통해 부정적 영향과 기업의 제품, 서비스 또는 운영 사이에 형성되는 관계로 정의된다. AI 시스템이 배포되거나 판매 또는 재판매된 이후의 부정적 영향에 대한 기여 또는 직접적인 연결은, 제품 설계에서 완화되지 않은 위험이나 고위험 최종 사용자와 관련되는 경우가 종종 있다.

부정적 영향에 대한 관여 유형을 보여주는 상황 예시는 박스 2.5 를 참조하며, 이러한 개념에 대한 상세한 설명은 OECD 기업책임경영 지침에서 찾을 수 있다.

그림 2.1. 부정적 영향에 대한 관여 정도에 따른 실사 기대수준

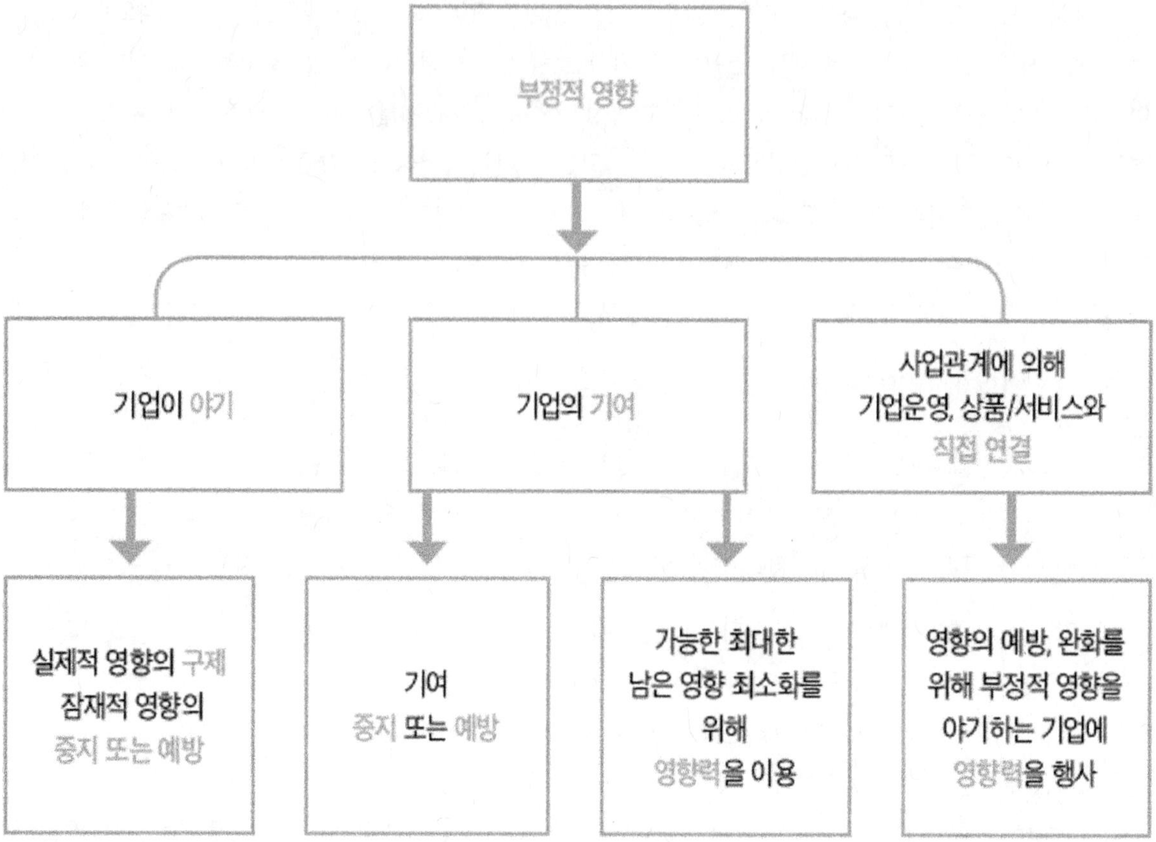

출처: OECD (2018[3]), 「기업책임경영을 위한 OECD 기업실사 지침」, http://mneguidelines.oecd.org/OECD-Due-Diligence-Guidance-for-Responsible-Business-Conduct.pdf.

박스 2.5. 부정적 영향에 대한 관여 유형을 보여주는 상황 예시

부정적 영향을 야기하는 경우

V 회사는 사용자가 입력하는 프롬프트를 바탕으로 텍스트, 오디오 및 비디오 형태의 결과물을 생성할 수 있는 생성형 AI 모델을 개발하여 배포한다. 이 모델은 공개적으로 이용 가능한 출처에서 수집한 데이터를 사용해 학습되었다. 또한 V 회사는 이용자가 모델을 사용하기 위해 구독할 때, 그리고 이용자가 프롬프트에 개인정보를 입력할 때 수집된 개별 이용자의 비공개 데이터로도 이 모델을 학습시킨다. 그러나 V 회사는 이용자 데이터가 어떤 방식으로 모델 학습에 사용되는지 이용자에게 알려주기 위한 효과적인 안전장치를 마련하지 않았다. 또한 모델이 생성하는 출력물을 통해 비공개 데이터가 유출되는 것을 방지하지 못했다.

V 회사는 개인정보 보호권에 대한 부정적 영향을 야기하고 있다.

부정적 영향에 기여하는 경우

X 회사는 카메라, 이메일 및 회사 노트북에서 사용되는 프로그램, 사내 근로자 의사소통 도구 등으로부터 데이터를 수집 및 분석하여, 근로자의 생산성을 모니터링하고 분석하도록 설계된 AI 기반 감시 시스템을 개발하고 운영하고 있다. 해당 AI 감시 시스템은 근로자가 회사에 대해 부정적인 발언을 자주 하거나, 피로함을 보이거나, 동료에 대한 공격적인 행동, 회사 데이터를 오남용하는 등 특정 유형의 행동을 보일 경우 이를 표시할 수 있는 기능을 갖추고 있다. X 회사는 해당 AI 감시 시스템을 다른 회사에 판매하고 있다. A 회사는 X 회사로부터 해당 AI 시스템을 구매하여 자사 물류 창고 근로자를 모니터링하는 데 사용한다. A 회사는 불법적인 노조 탄압 활동과 근로자의 충분한 사전 동의 없이 근로자를 모니터링한 행위로 벌금을 부과 받은 것으로 보도되었다. 이후 해당 AI 시스템이 수집한 정보와 직원 정서에 관한 분석 결과는 노조를 조직하고 있는 것으로 여겨지는 근로자들의 계약을 해지하는 결정을 내리는 데 활용되었다.

이 시나리오에서 X 회사는 의도된 용도가 부정적 영향을 야기할 가능성이 큰 AI 시스템을 설계하고, 제품 설계에 충분한 안전장치를 포함하지 않음으로써 A 회사가 그 영향을 야기하도록 실질적으로 촉진했다는 점에서 부정적 영향에 기여하고 있다. 또한 X 회사는 과거 전력으로 볼 때 부정적 영향의 발생 가능성이 높은 고객에게 해당 시스템을 제공했다.

한편 동일한 AI 시스템이 관련된 다른 상황 예시를 보자면, 한 학술기관이 근로자 생산성에 관한 연구에 해당 AI 시스템을 사용할 수 있도록 접근 권한을 부여 받았다. 그러나 이 학술기관은 해당 AI 시스템을 자기 기관의 직원들에 대해서도 충분한 사전 동의 없이 그들의 행동을 모니터링하는 데 사용하였다. 이 상황 예시에서는 학술기관이 보고한 해당 AI 시스템의 사용 목적이 부정적 영향을 야기할 가능성이 크지 않았고, X 회사의 고객인 해당 학술기관 또한 예견 가능한 고위험 고객이 아니었으므로, X 회사는 부정적 영향을 실질적으로 기여했다고 보기는 어렵다.

부정적 영향과 직접적으로 연결된 경우

Y 회사는 피부암의 한 유형을 탐지하는 데 사용되는 AI 시스템을 개발 중이다. 이 AI 시스템은 해당 피부암 병변이 있는 개인들의 이미지를 포함하는 데이터셋을 이용해 학습되었다. 해당 데이터셋은 서비스 제공업체인 B 회사로부터 구매한 것이다. B 회사는 충격적인 이미지를 포함한 수천 장의 이미지를 자사 근로자들에게 검토하고 라벨링하도록 함으로써 데이터셋을 구축하였다. 이러한 근로자들 중 다수는 이 업무로 인해 정신건강에 부정적 영향을 겪었다고 보고했다. B 회사는 근로자 보호가 미흡한 관할 지역에 소재해 있다. B 회사는 근로자와의 소통 체계를 갖추고 있지 않으며, 근로자에게 어떠한 형태의 정신적 지원 서비스도 제공하지 않았다.

이 경우, Y 회사는 B 회사의 근로자에게 발생한 영향을 야기하거나 그 영향에 기여한 것은 아니다. 그러나 Y 회사는 B 회사와의 사업 관계를 맺고 있으므로, B 회사가 야기한 부정적 영향과 직접적으로 연결되어 있다.

위에서 언급한 바와 같이, 위험에 대한 기업의 관계는 고정되어 있지 않다. 만약 Y 회사가 B 회사로부터 계속해서 서비스를 구매하면서도 그 위험을 완화하기 위한 어떠한 조치도 취하지 않는다면, 시간이 지나면서 그 위험과의 직접적인 연결은 영향에 대한 기여로 발전할 수 있다.

2.4 단계 –가장 중대한 (즉, 가장 현저한) 위험의 우선순위 설정

실제 및 잠재적인 부정적 영향에 대해 확보한 정보를 바탕으로, 심각성과 발생 가능성에 근거하여 조치를 취할 대상으로서 가장 중대한(즉, 가장 현저한) 위험과 부정적 영향을 우선순위로 설정한다. 우선순위 설정은 모든 실제 및 잠재적인 영향을 즉시 모두 해결하는 것이 불가능한 경우에 관련된다. 기업은 가장 중대한 부정적 영향을 식별하고 이를 처리한 후에, 그보다 덜 중대하지만 예견 가능한 영향들을 해결하는 단계로 나아가야 한다.

부정적 영향의 위험이 가장 중대한 지점은 기업별로 상이하다. 따라서 기업은 신뢰할 수 있는 우선순위 설정 절차를 갖추고 이를 입증하는 것이 중요하다.

근로자, 근로자 대표 및 노동조합을 포함한 관련 이해관계자들과 우선순위를 어떻게 설정할지에 대해 소통하고, 우선순위 결정이 이루어지는 근거를 공개적으로 설명하는 것은 기업의 실사 접근방식에 대한 신뢰를 형성하는 데 유용할 수 있다. 경우에 따라 우선순위 설정은 국내법적 의무를 반영하여 이루어질 수도 있다.

표 2.3. 위험의 우선순위 설정 시 고려사항

규모	범위	회복 불가능성 (또는 비가역성)	발생가능성/개연성/예견가능성
영향의 심각성	영향이 미치는 범위	해당 영향을 어느 정도까지 구제할 수 있는지(즉, 부정적 영향을 받은 개인 또는 환경을 부정적 영향 이전과 동등한 상태로 회복시키는 능력에 어떠한 제한이 있는지)	영향이 발생한 가능성에 대한 추정
상당한 규모의 영향의 예시 예: 형사 사건에서 형량을 결정하는 데 AI 시스템이 사용됨. 예: 성희롱 및 공갈협박을 목적으로 특정 개인의 노골적 이미지를 생성하는 AI 시스템이 사용됨.	상당한 범위의 영향의 예시 예: AI 시스템을 구동하는 데 사용되는 데이터센터가 지역 유역(water basin)이 위험에 처한 지역사회에서 과도한 양의 물을 소비함. 예: 정부 복지	회복 불가능한 특성을 지닌 영향의 예시 예: AI 챗봇이 개별 이용자에게 자해 또는 타인에게 위해를 가하는 행위를 하라고 권고함.	발생 가능성이 높거나, 개연성이 크거나, 또는 예견 가능한 영향의 예시 예: 유사한 기능을 가진 AI 시스템이 악의적 행위자에 의해 오남용 되고 있다는 보고가 다수 존재함. 예: AI 챗봇 이용자의 20%가 대화 과정에서 해당 챗봇이 폭력적 콘텐츠를 공유한다고

규모	범위	회복 불가능성 (또는 비가역성)	발생가능성/개연성/예견가능성
예: 특정 집단을 대상으로 이동 경로 및 일상 습관을 수집하고 감시하여, 이들에게 불리한 조치를 용이하게 하는 데 AI 시스템이 사용됨.	서비스에서 사용되는 AI 시스템이 생성한 편향된 추천으로 인해 수천 가구에 대한 재정 지원이 취소되는 결과가 발생함.		보고함.

3 단계 - 부정적 영향의 중단, 예방 및 완화

표 2.4. 3 단계: 기존 프레임워크 내 관련 조항 로드맵

인공지능 위험관리 프레임워크	관련 조항
아세안 가이드	제 C.2 절: AI 보강 의사결정에서 인간 관여 수준 결정, 제 C.3 절: 운영관리, 부속서 A 제 3 절: AI 보강 의사결정에서 인간 관여 수준의 결정
호주 인공지능 도입 지침 (이행 관행)	이행 관행 1, 2, 3, 4, 5
Canada CoC	안전 조치 2, 3: 공정성 및 형평성, 투명성, 인간 감독 및 모니터링, 타당성 및 견고성
CoE HUDERIA	영향 완화 계획 (IMP) 및 구제에 대한 접근
EU AIA	전문 115, 제 9 조 제 2a 항, 제 9 조 제 2 항 (d)호, 제 9 조 제 4 항-제 5 항, 제 50 조 (투명성 의무), 제 55 조 제 1 항(b)호
EU DSA	제 35 조: 위험 완화
EU CSDDD	제 10 조 및 제 11 조: 잠재적 부정적 영향을 예방하고 (예방이 불가능하거나 즉시 가능하지 않은 경우) 이를 완화하며, 실제 부정적 영향을 종료시키고 그 영향 범위를 최소화
히로시마 프로세스 CoC	원칙 1, 2, 6-7, 및 11
IEEE 7000	10. 윤리적 위험 기반 설계 절차
ISO 31000 & ISO/IEC 23894	6.5: 위험 처리
ISO/IEC 42001	6.1.3 AI 위험 처리, 8.3 AI 위험 처리, 부속서 A 의 A.5 및 하위 통제 A.5.2–A.5.5 (위험관리), A.7 (AI 시스템 데이터) 및 하위 통제 A.7.2–A.7.6(데이터 품질 및 관리)
일본 기업을 위한 인공지능 가이드라인	제 2 부 C. 공통 지도 원칙, 제 3 부, 제 4 부, 제 5 부; 부록 3, 4, 5.
대한민국 인공지능 기본법	제 31 조, 제 32 조 및 제 34 조
싱가포르 인공지능 검증 테스트 프레임워크	안전 4.1.1 – 4.6.1 보안 5.1.1 – 5.7.1 견고성 6.1.1 – 6.5.3
UNGPs	운영 원칙 19
영국 과학혁신기술부 인공지능 보증 프레임워크	4.2: AI 보증 메커니즘, 5.2: AI 보증 범위, 5.3: 실제 운영에서 데이터, 모델, 시스템 및 거버넌스 보증, 6.1: AI 보증 구축 단계
US NIST AI RMF	파악(Map) 1, 관리(Manage) 1-4

3.1 단계 –기업이 야기하거나 기여하는 위험의 해결

기업은 해당 영향에 대한 자사의 관여 정도 평가에 근거하여, 부정적 영향을 야기하거나 이에 기여하고 있는 활동을 중단한다.

잠재적인 (미래의) 부정적 영향을 예방하고 완화하기 위한 계획을 수립하고 이행한다.

박스 2.6. 기업의 여건에 맞춘 위험관리

실사의 성격과 범위는 기업 운영 환경과 같은 요인의 영향을 받을 수 있으며, 기업의 자원, 부정적 영향에 대한 기업의 관여 정도, 그리고 부정적 영향의 심각성에 비례해야 한다. 광범위한 사업 운영을 수행하고 다수의 제품 또는 서비스를 보유한 대기업은, 제품 또는 서비스 범위가 제한된 소기업에 비해 위험을 효과적으로 식별하고 관리하기 위해 더욱 공식화되고 광범위한 시스템이 필요할 수 있다.

기업이 위험과 영향에 대응할 것으로 기대되는 방식에는 현실적인 한계가 있다. 위험 완화 노력은 다음 사항을 고려하여 비례적으로 이루어져야 한다.

- 기업 운영의 맥락(예: 가치사슬에서의 기업의 역할, 영향력, 기업의 기술적 역량)
- 기업의 규모
- 부정적 영향에 대한 관여(즉, 야기, 기여 또는 직접적으로 연결됨 – 박스 2.5 참조)
- 부정적 영향의 심각성

각 기업은 자사 몫의 역할을 수행해야 하며, 한 기업의 책임이 다른 기업에 전가되어서는 안 된다. 또한, 기업책임경영 실사는 완벽의 기준이 아니라 개선의 기준이다. 기업은 자사가 관여하고 있는 모든 위험과 영향을 즉시 해결할 것으로 기대되지 않는다. 그보다는, 기업은 부정적 영향을 피하고 이를 해결하기 위해, 자사의 시스템과 프로세스를 점진적으로 개선해 나가는 것을 목표로 해야 한다.

이행을 위한 실무 예시 (AI 가치사슬 내 모든 기업, 1~3 그룹)

1. 부정적 영향을 야기하거나 이에 기여하는 활동이 중단되도록 보장하고, 향후 부정적 영향을 야기하거나 이에 기여할 수 있는 활동을 예방하기 위한 책임을 관련 고위 임직원에게 부여한다. 위험의 맥락에 따라, 위험을 해결하기 위해 필요한 조치를 취할 수 있는 수단을 보유한 서로 다른 사업부의 인력이 포함될 수 있다(예: 연구 및 제품 개발, 조달, 고객관계관리, 영업 또는 법무).
2. 운영상, 계약상 또는 법률상의 문제로 인해 중단이 어려울 수 있는 복잡한 활동의 경우(예: 정부 서비스 제공, 장기 계약 및 사업 관계 의존성), 부정적 영향을 야기하거나 이에 기여하는 활동을 어떠한 경로로 중단할 것인지에 대한 로드맵을 수립한다. 기업은 상황의 복잡성, 그리고 시간이 경과함에 따라 활동을 점진적으로 중단하기 위해 수행한 노력을 대외적으로 설명하는 것이 도움이 될 수 있다.
3. 적절한 조치를 마련하고 계획을 이행하기 위해, 영향을 받는, 그리고 잠재적으로 영향을 받을 수 있는 이해관계자 및 그들의 대표자와 협의하고 참여시킨다(제 1 장 '유의미한 이해관계자 참여' 참조).
4. 위험 평가 결과를 토대로, 부정적 영향이 발생하기 전에 정보를 더욱 효과적으로 추적하고 위험을 조기에 표시할 수 있도록 관리 시스템을 업데이트하고 강화한다.
5. 향후 부정적 영향을 피하고 이를 해결하는 방법에 대한 지침을 제공하고 그 이행을 보장하기 위해, 이해관계자의 적극적 참여를 바탕으로 기업 정책을 업데이트한다.

6. 어떤 완화 조치를 취할지 결정할 때에는, 해당되는 경우, 그 조치를 취함으로써 발생할 수 있는 다른 위험과 AI 시스템을 배포하거나 사용함으로써 얻는 편익을 함께 고려하여 비교하는 것을 검토한다.

박스 2.7. 기업책임경영 실사 지원을 위한 AI 사용

AI 가치사슬을 넘어, AI 는 기업책임경영 실사의 이행을 지원하는 데에도 잠재적으로 활용될 수 있다. 예를 들면 다음과 같다.

- 수작업으로 모니터링하기 어렵거나 비용 부담이 큰 복잡한 글로벌 가치사슬 전반에서 잠재적인 부정적 영향을 식별할 수 있도록, 방대한 공급업체 데이터를 분석하는 데 도움을 준다.
- 뉴스, 보고서 및 소셜미디어를 탐색하여 기업의 운영 또는 사업 관계와 관련된 신규 쟁점에 대한 조기 경보를 제공하고, 아울러 여러 관할권에 걸친 준수 관련 맞춤형 정보를 제공함으로써, 다국적기업이 각기 다른 시장에서 변화하는 프레임워크를 파악할 수 있도록 지원한다.
- 제품의 원산지 및 생산 조건을 검증하는 데 도움을 주고, 투명성을 제고하며, 식별된 문제에 대해서는 보다 효과적인 구제가 가능하게 한다.

이행을 위한 실무 예시 (AI 시스템 생애주기 내 기업, 2 그룹)

AI 시스템이 야기하거나 기여하는 위험을 피하고 완화하기 위한 조치는 대체로 아래의 네 범주로 구분할 수 있다. 다만, 적정 조치는 해당 AI 시스템의 특성과 사용 사례에 따라 달라지며, 이 외에도 다양한 추가 조치를 고려할 수 있다.

- **AI 모델 학습을 위한 데이터의 책임 있는 조달 및 사용**, AI 시스템 생애주기 중 데이터 수집 및 처리 단계 포함(예: 데이터 품질 및 AI 시스템 성능을 평가하고 개선하기 위한 조치, 또는 부정적 영향을 야기하는 방식으로 수집되거나 주석 처리된 데이터를 조달함으로써 발생할 수 있는 위험을 예방 또는 완화하기 위한 조치)
- **투명성, 설명가능성 및 추적가능성**, 특히 배포 이후(예: AI 시스템의 기능, 역량 및 위험에 관해 이해관계자에게 정보를 지속적으로 제공하기 위한 조치)
- **물리적 보안 및 사이버보안을 포함한 보안 및 견고성**, 이는 AI 시스템 생애주기 전반에 걸쳐 적용(예: AI 시스템이 공격에 대한 복원력을 갖추고, 신뢰성, 반복가능성, 재현가능성 및 예측가능성을 입증하도록 보장하기 위한 조치)
- **책임 있는 배포**, 이는 책임 있는 운영과 모니터링을 포함하며, 필요한 경우 운영 종료 또한 포함(예: 해당 모델이 배포에 안전한지 여부를 평가하고 적절한 안전장치를 이행하기 위한 조치)

책임 있는 데이터 조달 및 학습

1. 데이터 품질 검토를 실시하여 부정확한 라벨 및 대표성 관련 문제를 식별하고 해결한다.

2. 데이터 정제, 온-디바이스(on-device) 처리, 연합 학습 등의 방식으로, 데이터 수집 및 AI 시스템 학습에서 프라이버시 보호 및 책임 있는 데이터 거버넌스 접근방식을 이행한다. 데이터 품질 검토 등을 포함한 정기적 AI 시스템 모니터링 및 유지관리의 일환으로, 개발에 사용되는 사전학습 모델을 점검한다.
3. 기업이 당초 계획한 규모에서 안전한 모델을 학습할 수 있다는 확신이 없는 경우, 점진적 스케일링 (즉, 더 작은 모델 또는 다른 방식으로 성능을 낮춘 모델부터 학습) 방안을 고려할 수 있다.
4. 역강화학습 등 최신 정렬(alignment) 및 안전 기법을 적용한다(Centre for the Governance of AI, 2023[19]).
5. 수집 및 처리와 연계된 위험을 예방하거나 완화하기 위한 조치를 취한다.
6. 데이터 품질 및 조달과 관련된 위험은 데이터 강화 서비스와도 연계될 수 있다.

투명성, 설명 가능성 및 추적가능성

7. 중요한 의사결정에 대한 인간 검토 및 이의제기 절차 관련 결정을 포함하여, 하도급업체로부터 데이터 조달, 데이터셋, 처리 절차, 그리고 시스템 개발 과정에서 이루어진 관련 의사결정과 관련하여, 투명성, 설명가능성 및 추적가능성을 확보할 수 있도록 노력한다(박스 2.8 참조).

박스 2.8. AI 시스템 생애주기 전반에서 투명성, 설명가능성 및 추적가능성 확보

이 맥락에서 **투명성**이란, 사람들이 예측, 추천, 의사결정 또는 상호작용(예: 챗봇)에 AI 가 사용되고 있음을 인지할 수 있도록 공개하는 것을 의미한다. 또한 투명성은 해당 적용 분야에서 AI 시스템이 어떻게 개발, 학습, 운영 및 배포되는지를 사람들이 이해할 수 있도록 함으로써, 가령 이용자와 소비자가 더욱 충분한 정보를 바탕으로 선택을 내릴 수 있게 하는 것을 의미한다. 맥락에 따라, 그리고 법령상 요구되지 않는 한, 투명성은 소스 코드나 그 밖의 독점 코드 또는 데이터셋까지 공개할 필요는 없으며, 이는 이러한 정보가 결과를 이해하는 데 실질적으로 유용하지 않을 정도로 기술적으로 지나치게 복잡할 수 있기 때문이다.

설명가능성은 이해관계자들이 AI 시스템의 결과가 어떠한 방식으로 결정되는지 이해할 수 있도록 하는 것을 의미한다. 이는 부정적 영향을 받은 사람들이 해당 결과에 대해 이의를 제기할 수 있도록, 특히 실행가능한 범위에서 결과에 이르게 된 요인과 논리에 관한 정보를 쉽게 이해할 수 있는 형태로 제공하는 것을 포함한다.

설명가능성은 맥락(예: 결과의 중대성)에 따라 서로 다른 방식으로 달성될 수 있다. 예를 들어, 일부 유형의 AI 시스템에서는 설명가능성을 요구하는 것이 시스템의 정확도 및 성능에 부정적인 영향을 미칠 수 있거나 (인간이 이해할 수 있을 만큼 충분히 적은 수의 변수로 솔루션을 축소해야 할 수도 있는데, 이는 복잡한 고차원 문제에서는 최적의 성능을 내지 못하는 결과로 이어질 수 있음), 또는 프라이버시와 보안에 부정적인 영향을 미칠 수 있다.

아울러, 설명가능성 확보를 위한 요구사항은 복잡성과 비용을 증가시켜, 중소기업인 AI 행위자에게 불균형적으로 불리하게 작용할 가능성도 있다.

따라서 AI 행위자가 결과에 대한 설명을 제공할 때는, 맥락에 비추어 적합한 범위에서 명확하고 간명한 표현으로, 의사결정의 주요 요인, 결정적 요인, 해당 결과에 구체적으로 적용된 데이터, 논리, 또는 알고리즘, 또는 유사해보이는 상황에서 서로 다른 결과가 도출된 이유 등을 제시하는 방안을 고려할 수 있다. 이는 해당되는 경우, 개인정보 보호 의무를 준수하면서도, 개인이 해당 결과를 이해하고 이의를 제기할 수 있도록 하는 방식으로 이루어져야 한다.

개발 관점에서, 설명가능성은 시스템 실패로부터 학습하기 위한 핵심적인 요소로도 간주된다. 설명가능성이 확보되지 않으면, 오류로부터 배울 수 있는 중요한 통찰력을 확보할 수 없다. 실패로 이어진 의사결정 과정을 이해할 수 있는 능력은 AI 시스템을 개선하고 신뢰를 구축하는 데 필수적인 것으로 여겨진다.

AI 에서 **추적가능성**은 AI 시스템 개발에 포함되는 데이터, 절차, 코드 및 다른 요소의 출처를 기록으로 유지하려는 노력을 의미한다. 추적가능성은 입력 데이터나 모델 등과 같은 AI 시스템의 특정 요소 또는 구성요소에 관한 세부적인 정보를 포착하는 경우가 많다. 이는 시스템에 대한 감사를 가능하게 하는 데 필수적이다. 투명성과 추적가능성을 확보하기 위해, 기업은 AI 시스템의 생애주기 전반에 걸쳐 자사의 구체적 활동과 관련되고 실행 가능한 범위에서 다음 정보를 문서화할 수 있다.

- 2.1 단계에서 식별된 사용 정보 및 위험 정보
- 데이터 출처, 데이터 수집 절차 및 데이터 처리 정보
- 필요한 라이브러리를 포함한 전체 코드
- 매개변수의 세부 문서화와 컴퓨팅 요구사항을 포함하여, 산출물의 재현성을 보장하기 위한 코드 실행 방법에 관한 정보
- 모델 산출물이 어떻게 사용되는지에 대한 정보, 그리고 산출물 또는 의사결정이 AI 시스템에 의해 생성되는지 여부(예: AI 생성 이미지, 오디오, 텍스트임을 공개)
- 성능 지표, 임계값, 모델의 예상 작동 양상 및 완화 조치를 포함하는 모니터링 전략에 관한 정보, 모델의 결함, 한계 및 편향에 관한 정보, 그리고 이를 관련 이해관계자에게 전달하는지 여부와 그 방식에 관한 정보

공개는 공개 대상에 맞추어 조정되어야 하며, 이를 위해 세부 수준이 서로 다른 다수의 공개 수단을 마련해야 할 수도 있다(예: AI 영양분석표, 데이트시트, 모델 카드, 시스템 카드, 기술 보고서 등).

출처: OECD (2024[20]), 「AI, 데이터 거버넌스 및 프라이버시: 국제협력의 시너지와 협력 분야」(*AI, data governance and privacy: Synergies and areas of international co-operation*), https://doi.org/10.1787/2476b1a4-en; 미국 상무부 산하 국가전기통신정보청(NTIA) (2024[21]), 「인공지능 책임성 정책 보고서」(AI Accountability Policy Report), https://www.ntia.gov/sites/default/files/publications/ntia-ai-report-final.pdf; 유럽연합(EU) (2024[14]), 2024 년 6 월 13 일자 유럽의회 및 이사회의 인공지능에 관한 조화된 규칙을 제정하는 규정 2024/1689 (Regulation (EU) 2024/1689), https://eur-lex.europa.eu/legal-content/EN/TXT/?uri=OJ:L_202401689.

8. 관련되는 경우, 다음 정보를 모델 설명에 포함함으로써, AI 시스템의 산출물에 대한 해석 및 설명을 생성하고 제공할 수 있는 방법을 마련하도록 노력한다.

   가) 모델 입력 데이터의 유형 및 출처

   나) 상위 수준의 데이터 변환 과정

   다) 의사결정 기준 및 근거

   라) AI 사용에 대한 공개

9. 기업은 자동화된 의사결정 과정에 대해 명확하고, 접근 가능하며, 의미 있는 설명을 제공할 수 있도록 하는 메커니즘을 구축해야 하며, 특히 그러한 결정이 개인에게 중대한 영향을 미칠 수 있는 경우에는 이러한 메커니즘을 구축하는 것이 더욱 중요하다. 이러한 설명에는 평균적인 사용자의 이해 수준에 맞추어, 알고리즘 과정의 논리, 주요 매개변수 및 잠재적 결과가 포함되어야 한다.

10. 기술적으로 실행 가능한 경우(박스 2.9 참조), 신뢰할 수 있는 콘텐츠 진위 확인 및 출처 확인 메커니즘을 개발하고 배포한다.

박스 2.9. 콘텐츠 진위 확인 및 출처 메커니즘

출처는 일반적으로 하나의 디지털 콘텐츠(이미지, 영상, 음성 녹음 및 문서)의 기원에 관한 기본적이고 신뢰할 수 있는 사실 정보를 의미한다. 여기에는 누가, 어떤 방식으로 해당 디지털 콘텐츠를 생성했는지, 그리고 언제, 어디에서 생성 또는 편집되었는지에 관한 정보가 포함될 수 있다. 디지털 콘텐츠의 출처를 인터넷 규모와 속도에 맞추어 탐지하는 것은 현재 극히 어려우며, 이는 조작 소프트웨어가 갈수록 점점 더 정교해지고, 메타데이터 역시 쉽게 조작될 수 있으며, 메타데이터만으로는 그 기원을 입증할 수 없기 때문이다. 기술적 해법과 모범 사례는 현재, 콘텐츠 출처 및 진위 확인을 위한 연합(C2PA)의 「이행자 지침」(Guidance for Implementers) 및 「AI 와 기계학습 지침」(Guidance for AI and ML), 그리고 인공지능에 관한 파트너십(Partnership on AI, PAI)의「합성 미디어를 위한 책임 있는 관행」(Responsible Practices for Synthetic Media) 등과 같은 산업 협력 및 다수의 이해관계자 노력을 통해 개발 및 정립되고 있다.

일반적으로, 본 이슈와 관련된 기존 모범 사례는 다음의 세 가지 주요 요소로 구성된다.

- 합성 미디어를 생성하는 기술의 역량, 기능, 한계 및 잠재적 위험에 관한 투명성
- 직접 또는 간접 공개 방식(예: 콘텐츠 라벨 워터마크)
- 탐지 방법과 암호학적 공개의 내구성에 관한 연구개발 투자

출처: OECD (2022[13]), 「OECD AI 시스템 분류 프레임워크」(*OECD Framework for the Classification of AI systems)*, https://doi.org/10.1787/cb6d9eca-en; 콘텐츠 출처 및 진위 확인을 위한 연합(C2PA) (n.d.[22]), 「C2PA 설계 및 규격을 위한 지침」(Guiding Principles for C2PA Designs and Specifications), https://c2pa.org/principles/; 인공지능에 관한 파트너십(Partnership on AI) (n.d.[23]), 「합성미디어에 관한 책임 있는 관행」, https://syntheticmedia.partnershiponai.org/#read_the_framework.

11. AI 시스템의 장기적 편익과 위험을 완전히 이해할 수 있도록, AI 측정과학의 발전 및 표준화에 기여하는 것을 고려한다.

12. 외부 이해관계자가 AI 시스템을 더욱 잘 이해할 수 있도록 외부 이해관계자용 가이드 개발을 고려한다. 이러한 가이드는 책임 있는 AI 문서화의 형태로 작성될 수 있으며, 의도된 사용 사례 및 한계, 책임 있는 AI 설계 선택, 그리고 배포 및 성능 최적화를 위한 모범 사례에 관한 정보를 이해관계자가 한 곳에서 확인할 수 있는 단일 저장소가 된다. 이러한 가이드는 OECD AI 원칙과 관련된 쟁점을 해결할 수 있다. 이 가이드는 AI 시스템 및 관련 위험에 대한 이해가 심화됨에 따라 지속적으로 보완되고 발전하는 문서가 될 것이다.

13. 공개 정보는, 적절하고 관련성 있는 범위에서, 배포자 및 사용자가 모델/시스템의 산출물을 해석할 수 있도록 하고 사용자가 이를 적정하게 사용할 수 있도록, 충분히 명확하고 이해 가능하게 제공되어야 한다. 또한 공개 정보는 견고한 문서화 절차에 의해 뒷받침되고, 해당 절차에 근거하여 작성되어야 한다.

보안, 안전 및 견고성

1. AI 시스템 생애주기 전반에 걸쳐 견고성, 보안 및 안전을 지원하기 위한 접근방식을 개발한다. 예를 들면 다음과 같다.
   가) 위험에 비례하는 범위에서, AI 시스템 생애주기의 각 단계에 대해 레드팀(red teaming) 점검을 수행한다.
   나) AI 시스템의 작동 양상을 모니터링한다. 여기에는 사용자 및 그 밖의 관련 AI 기관의 의견 수집 및 평가, 이의제기 및 인간 개입에 의한 결정 번복(override), 시스템 운영 종료, 인시던트에 대한 대응, 복구, 변경 관리 등이 포함된다.
   다) AI 시스템 실패에 신속히 대응하기 위한 메커니즘을 구축한다. 예를 들어, 의도된 사용에 부합하지 않은 성능 또는 결과를 보이는 AI 시스템을 대체, 분리, 또는 비활성화 할 수 있는 메커니즘을 포함한다.
   라) 견고한 내부자 위협 탐지 프로그램을 구축한다.
   마) 모델 가중치를 보호한다.
   바) AI 시스템 생애주기 동안, 합의된 지표에 비추어 성능 변화를 모니터링한다.
   사) 사이버보안 보호조치를 구축한다.
   아) 데이터 및 모델 드리프트(drift)를 확인하기 위해 AI 시스템의 결과를 모니터링한다.

책임 있는 배포

1. 배포 이전에, 시스템 요구사항 및 설계 결정(예: "시스템은 이용자의 프라이버시를 존중하여야 한다")에 관한 의견을 수렴하기 위해 이해관계자와 협의한다(박스 2.10 참조).

박스 2.10. 배포 전 대응 계획

명확하고 투명한 대응 계획은 AI 시스템 배포 시 위험을 예방하기 위한 필수 요소이다. 이 계획은 다음 사항을 명확히 규정할 수 있다.

- 위협 모델링 과정에서 도출된 바에 따라, 배포 수정이 필요하다고 판단되는 위험 시나리오 및 예상된 작동 양상에서의 일탈을 식별하기 위한 기준
- IT, 사이버보안, AI 개발, 법무, 커뮤니케이션, 관련 사업 부서 및 외부 도메인 전문가 대표로 구성되는 대응팀의 구성. 잠재적인 위험 시나리오가 다양하기 때문에, 인시던트에 대한 대응에는 AI 개발자만으로는 처리하기 어려운 전문성을 요구할 수 있으며, 다수 당사자의 의견을 필요로 할 수 있다.
- 인시던트 대응 과정에 참여하는 다양한 팀과 개인의 역할과 책임. 신속하게 조치를 취하기 위해, 팀 내 모든 구성원은 자신의 책임과 자신이 결정해야 하는 사항을 숙지해야 한다.
- 의사 결정이 자동화되는 범위와 인간 운영자에게 맡겨지는 범위
- 권한이 공유되는 범위
- 배포 수정 프로토콜이 구속력을 갖는 범위

보다 자세한 사항은 인공지능 정책 및 전략 연구소(Institute for AI Policy and Strategy, (2023[24]), ISO (2023[25])에서 확인할 수 있다.

2. 위험에 대한 증거가 나타나면 AI 시스템을 단계적으로 배포하기 위한 방안을 고려한다. 연구에 따르면, 생성형 AI 모델을 배포할 때 적용되는 '접근 권한의 단계적 체계'가 확인되었는데, 이는 한쪽 끝에서는 완전 폐쇄형 운영 및 점진적/단계적 공개가 위치하고, 다른 한쪽 끝에서는 다운로드 가능하며 완전 공개된 형태가 위치하는 방식으로 구성된다 (Solaiman, 2023[26]). 각 접근 수준에서는 위험뿐 아니라 공개 확대와 위험 통제 간의 절충 문제도 존재하며, 이는 AI 시스템과 관련된 위험을 예방하고 완화하는 방안을 검토할 때 고려해야 한다(박스 2.11 참조).

박스 2.11. AI 시스템 배포 시 위험 예방 또는 완화

연구에 따르면, 생성형 AI 시스템을 배포할 때의 위험을 다루기 위하여 기업이 투자할 수 있는 구체적인 기술적 도구와 기업이 취할 수 있는 비기술적 조치가 식별되었다. 이러한 도구와 조치의 적합성은 시스템 및 배포 시나리오에 따라 달라질 수 있으며, 따라서 이는 기업이 고려할 수 있는 잠재적 도구 및 조치의 예시로 제시된다.

기술적 도구는 다음을 포함한다.

- 출력 횟수 제한(Rate limiting) – 사용자가 생성할 수 있는 출력물의 수를 제한한다.
- 안전 및 콘텐츠 필터 – 잠재적으로 안전하지 않은 입력이 주어질 경우, 빈 응답이 반환되도록 설계된 필터

- 탐지 모델 – AI 생성 콘텐츠를 기술적 및 인적 수단으로 탐지
- 응답의 하드코딩(Hardcoding) – 특정 입력에 대하여 미리 정해진 안전한 출력이 나오도록 하고, 이를 모델 인터페이스에 하드코딩하는 방식

비기술적 조치는 다음을 포함한다.

- 내부 위험 정책 및 행동 강령(1 단계 참조)
- 라이선스를 통해 법적 안전장치를 설정하며, 이용약관 위반에 대해서는 라이선스 소유자가 그 집행을 추진할 수 있도록 한다. 이러한 조치는 더욱 제한적인 유형의 AI 시스템에서는 가능하나, 완전한 다운로드가 가능하거나 공개된 시스템에서는 어려울 수 있다.
- AI 시스템의 설계 및 배포에 관여하는 비전문가를 대상으로 진행되는 인권 및 노동권 교육에 대한 투자
- 위험 예측 활동에 대한 투자

출처: OECD (2023[17]), 「AI 분야에서의 책임성 강화: 신뢰할 수 있는 AI 를 위한 생애주기 전반의 위험 통제와 관리」(*Advancing accountability in AI: Governing and managing risks throughout the lifecycle for trustworthy AI*), https://doi.org/10.1787/2448f04b-en.

3. 모델 또는 시스템 사용을 모니터링하고 통제하는 것을 고려한다(예: 고객 확인(KYC) 정보 수집, 시스템 또는 시스템 일부 기능에 대한 접근 제한). 이러한 조치는 위험 기반의 접근 통제(gating) 및 단계적 상향조정 접근방식을 통해 수행할 수 있다(BSR (2022[27]) 참조).
4. 내부적으로 적정한 평가 및 모니터링 조치를 마련하고, 배포 후 평가를 지원할 수 있는 자원과 이해를 갖춘 외부 연구자를 지원한다.
5. 최종 이용자 및 관련 이해관계자가 문제를 신고하고 시스템 결과에 대해 이의를 제기할 수 있도록 피드백 절차를 구축하고 이를 운영체제에 통합한다.
6. 배포 이후, 지속적인 모니터링 및 배포 후 평가를 바탕으로 AI 시스템을 업데이트하고 미세 조정한다. 미세 조정 방법에는 인간의 피드백을 활용한 강화학습 또는 데이터셋에 대한 조정이 포함된다.
7. 중대한 부정적인 영향이 임박했거나 심각한 피해가 실제로 발생하고 있는 경우에는, 위험을 충분히 관리할 수 있을 때까지 책임 있는 방식으로 해당 AI 시스템의 개발 및 배포를 중단하는 것이 중요하다.
8. AI 개발 및 사용에 관한 법적 요구사항이 부정적인 영향을 야기할 수 있는지 여부를 평가한다 (박스 2.12 참조)

박스 2.12. 국내법이 국제 기업책임경영 기준과 불일치하는 환경에서의 배포

국내법적 요구사항이 기업책임경영에 관한 국제 기준과 상충할 수 있는 환경에서, 기업은 국제적으로 인정된 인권을 존중하겠다는 약속을 명확하고 광범위하게 공표해야 한다.

> 예방 조치로서, 이러한 약속은 사전에, 즉 배포 이전에 명확히 전달되고 협상될 수 있다. 법적 환경이 변경된 경우에는, 특히 기업의 운영과 직접적인 관련이 있는 사안에 대하여 변경된 경우에는, 정부가 자국의 인권 의무를 준수하도록 촉구한다. 인권옹호자를 부당하게 범죄화하는 데 기여하거나, 평화적 시위를 억압하기 위한 AI 시스템의 사용에 기여하는 일을 피한다. 인권이 존중될 수 없는 환경에는 진입하지 않거나 철수하는 방안을 고려한다.

9. 기업이 AI 시스템의 오남용 위험을 완화하기 위해 활용할 수 있는 조치의 예시는 다음과 같다.
   가) 사용자별 제한(예: 오남용 위험이 상당한 경우, 특정 사용자 또는 집단과의 거래나 협력을 거절하는 방안을 검토한다)
   나) 접근 빈도 제한(예: 시스템이 시간당 산출할 수 있는 출력의 수를 제한한다)
   다) 역량 또는 기능 제한(예: 출력을 필터링하거나 시스템의 컨텍스트 윈도우를 축소한다)
   라) 사용 사례 제한(예: 특정 맥락에서 시스템의 특정 적용을 금지한다)
   마) AI 시스템 기능의 일시적 또는 영구적 중지(박스 2.13 참조)

> ### 박스 2.13. AI 시스템 기능의 일시적 또는 영구적 중지
>
> 중지 프로토콜에는 재배포 승인 절차 또는 재배포를 대신하는 대안적 복구 계획을 위한 절차를 포함할 수 있다. 이러한 복구 절차는 광범위한 시험과 검증을 거치는 것이 중요하며, 바람직하게는 외부 이해관계자의 참여를 포함하도록 한다. 부정적 영향을 산출할 수 있음이 입증된 모델을 재배포하기 위해서는 엄격한 기준이 적용되어야 한다. 수정이 불가능하거나 수정 조치가 충분히 견고하지 않은 경우에는, 재배포를 대신하는 대안 계획을 추진해야 한다(예: 모델의 운영을 종료하고, 그리고/또는 정부나 산업의 다른 행위자들과 협력하여 산업 전반의 대응을 관리한다). 극단적인 경우에는 복구 자체가 불가능할 수 있다.
>
> 출처: OECD (2025[28]), 「인공지능 인시던트에 관한 공통 보고 프레임워크를 향하여」(*Towards a common reporting framework for AI incidents*), https://doi.org/10.1787/f326d4ac-en.

10. 기업의 AI 시스템을 배포하는 사업 관계에 있는 자가 배포 이전에, 특히 직장 내에서, 이해관계자가 유의미하게 참여하도록 보장하기 위한 조치를 취한다. AI 가치사슬 전반에서 기업과 직접적으로 연결된 위험을 해결하는 3.2 단계를 참조한다.

이행을 위한 실무 예시 (AI 시스템 사용자, 3 그룹)

1. 운영상 의사결정에 AI 시스템을 사용하는 환경에서는, 기업이 위험을 완화하기 위해 근로자, 근로자 대표 및 노동조합의 참여가 필요할 수 있다. 근로자의 참여에는 다음이 포함될 수 있다.
   가) 설계 및 의도된 사용 목적을 포함하여, AI 시스템에 관한 정보의 공개

나) 근로자에게 본인 관련 데이터의 수집 및 분석에 대한 접근과 권리를 제공할 수 있는 거버넌스 메커니즘의 마련

다) AI 로 인해 부정적 영향을 받은 근로자를 위한 고충처리 메커니즘의 구축 또는 유지

라) 재교육 및 AI 리터러시 프로그램의 개발

2. 제품 및 서비스에서 AI 시스템을 사용하는 경우, 기업은 기술적으로 실행 가능한 범위에서(예: 레드팀 점검 수행 또는 기타 유형의 테스트 활동) 산출물의 품질을 확인하고 취약성을 시험하기 위해 독립적인 테스트를 수행할 수 있다. 또한 기업은 산출물이 AI 시스템에 의해 생성되었는지, 또는 AI 시스템의 정보에 근거하여 산출되었는지, 그리고 그 정도가 어느 수준인지를 공개할지 여부와 공개 범위를 검토해야 한다(박스 2.8 참조).

3.2 단계 – AI 가치사슬 전반에 걸쳐 기업과 직접 연결된 위험 해결

위험 우선순위에 근거하여, 기업은 사업 관계로 인해 기업과 직접적으로 연결되는 실제 또는 잠재적인 부정적 영향을 예방하거나 완화하기 위한 계획을 수립하고 이를 이행해야 한다(예: 사업 관계의 일시적 중단, 위험 완화 노력 기간 동안의 사업 관계 유지 또는 관계 종료)

AI 의 개발 및 사용 전 과정에서 기업은 (1) 시스템 생애주기 내의 다른 AI 행위자, 또는 (2) AI 투입요소 공급업체 및 AI 시스템 이용자 등 AI 시스템 생애주기 외부의 사업 관계로 인해 발생한 부정적 영향과 직접적으로 연결될 수 있다.

사업 관계와 관련된 위험에 대한 적절한 대응에는 경우에 따라 다음이 포함될 수 있다.

- 위험 완화 노력이 진행되는 전 기간 동안 **사업 관계 유지**
- 지속적인 위험 완화를 추진하는 동안 **사업 관계 일시 중단**
- 완화 시도가 실패한 이후, 또는 기업이 완화가 실행 불가능하다고 판단하는 경우, 또는 부정적 영향의 심각성으로 인해 **사업 관계 종료**. 사업 관계 종료에 관한 의사 결정 및 후속 계획은 잠재적인 사회적, 환경적 및 경제적 부정적 영향을 고려해야 하며, 유의미한 이해관계자 참여를 포함해야 한다. 이러한 계획에는 조직이 취할 조치와 더불어 공급업체, 구매자 및 기타 사업 관계에 있는 자에 대한 기대사항을 구체적으로 명시해야 한다(박스 2.15 참조). 사업 관계 종료 조치는 경쟁법을 포함한 적용 법령에 부합해야 한다.

이행을 위한 실무 예시 (AI 가치사슬 내 모든 기업, 1-3 그룹)

1. 기업이 사업 관계에 기인하여 직접적으로 연결되는 실제 또는 잠재적인 부정적 영향을 예방하거나 완화하기 위한 계획의 수립, 이행 및 모니터링에 대한 책임을 부과한다.
2. 관련 사업 관계에 있는 자가 식별된 부정적 영향을 합리적이고 명확하게 정의된 기한 내에 예방하거나 완화할 수 있도록, 기업은 해당 사업 관계에 있는 자를 지원하거나 이들과 협력하여 목적에 부합하는 계획을 수립한다. 이를 위해, 개선사항을 정의하고 측정하기 위해 정성 및 정량 지표를 활용한다(이러한 계획은 때로 "시정 조치 계획"이라 칭함).

3. 가능한 범위에서, 그리고 경쟁법상 의무에 부합하는 방식으로, 사업 관계에 있는 자의 부정적 영향 또는 위험을 예방하거나 완화하도록 영향력을 행사하여 촉구한다. 제품이나 서비스가 판매 또는 재판매된 이후에는, 해당 AI 시스템의 작동에 필수적인 서비스 제공을 제한함으로써 영향력을 행사하는 방안을 고려한다(예: 고객 지원, 업데이트 및 서버 운영 등). 영향력 활용에는 다음이 포함될 수 있다.
    - 가) 운영 차원, 고위경영진 및/또는 이사회 차원에서 위험 처리를 담당하는 직원과의 직접적인 의사소통을 통해 기업책임경영 관련 문제에 관한 견해를 표명함으로써, 사업 관계에 있는 자가 부정적 영향을 예방 및/또는 완화하도록 촉구하기 위해 이들과 소통
    - 나) 상업적 계약에 기업책임경영 및 실사에 관한 기대사항을 구체적으로 반영
    - 다) 장기계약 체결 및 향후 발주 약정 등 사업상 인센티브를 기업책임경영 이행 성과와 연계
    - 라) 규제기관 및 정책결정자와 기업책임경영 관련 문제에 관해 협의하여, 피해를 야기하는 주체의 위법한 관행이 시정되도록 변화를 촉진
    - 마) 기업책임경영 관련 기대사항이 준수되지 않을 경우, 사업 관계 종료 가능성이 있음을 공개적으로 또는 비공개적으로 전달
4. 기업이 사업 관계에 있는 자로 하여금 부정적 영향을 예방하거나 완화하도록 촉구할 만한 충분한 영향력을 보유하지 못한 경우, 경쟁법에 부합하는 범위에서 고위 경영진 차원의 접촉, 관련되는 경우 지원 및 인센티브 제공 등을 통해 해당 사업 관계에 있는 자에 대한 영향력을 추가로 구축할 방안을 검토한다.
5. 가능한 범위 내에서, 그리고 경쟁법에 부합하는 방식으로, 산업협회 내 협력적 접근 또는 정부와의 소통 등을 통해, 다른 기업 또는 이해관계자와 협력함으로써 부정적 영향의 예방 및 완화를 촉구하기 위한 영향력을 구축 및 행사한다.
6. 잠재적인 (미래의) 부정적 영향을 예방하고 실제로 발생한 영향을 해결하기 위해, 신규 및 기존 사업 관계에 영향력을 구조적으로 반영하는 방안을 모색한다(예: 정책 또는 행동강령, 계약 및 서면 합의 등) (박스 2.14 참조).

박스 2.14. '통제지점'과 사업 관계를 맺는 기업을 위한 특별 고려사항

기업책임경영 실사 맥락에서 통제지점(control point)은 제품의 개발 또는 거래 과정에서 가시성, 영향력 또는 변환이 이루어지는 핵심 지점으로 이해된다. 위험 기반 접근방식에 부합하고 경쟁법을 포함한 국내법을 준수한다는 전제하에, 실사를 통제지점에 집중하는 것은 전체 실사 노력을 더욱 효율적으로 만드는 데 도움이 된다.

일반적으로 통제지점의 특성에는 (1) 가치사슬 내에서 다수의 다른 기업들과 직접 또는 간접적인 사업 관계를 맺는 행위자가 상대적으로 소수라는 점, 그리고 (2) 해당 행위자들이 규제 및 감사의 대상이라는 점(또는 곧 그러한 대상이 될 것이라는 점)이 포함한다. AI 시스템의 개발 및 사용 맥락에서, 일부 대기업이 이러한 '통제지점'의 특성을 다수 충족할 수 있다(예: 반도체 제조업체, 파운데이션 모델, 그리고 매우 규모가 큰 온라인 플랫폼).

통제지점에 대해 실사를 수행하여 해당 통제지점이 그에 따라 다시 자체적으로 실사를 수행하고 있는지 여부를 확인하는 것은, 다른 모든 관련 기업에 대해 각각 상세 실사를 수행하지 않더라도 위험이 식별되고, 예방되며, 완화되고 있음을 어느 정도 확인할 수 있다는 점에서 일정한 안도감을 제공한다. 아울러, 통제지점은 보통 이미 감사, 공공 보고 의무 또는 일정한 형태의 규제적 통제의 대상이 되기 때문에, 이는 실사를 통제지점에 집중하는 것이 중복적 노력을 피하는 데에도 도움이 될 수 있음을 시사한다.*

통제지점의 식별 및 이들과의 관여는, 공급업체 및 사업 관계에 있는 자와의 계약에 통제지점을 식별하고 실사에 관한 기대수준을 충족할 것을 요구하는 조항을 포함시키거나, 공급업체에 대한 기밀정보 공유 시스템을 활용하거나, 그리고/또는 산업 전반 차원의 제도를 통해 수행할 수 있다.

주: * 예로는 디지털서비스법(Digital Services Act), 「기업 지속가능성 실사 지침」(Corporate Sustainability Due Diligence Directive), 인공지능법과 같은 EU 위험관리규정이 있다.

7. 공급업체, 판매 파트너 및/또는 사용자와의 계약 또는 기타 서면 합의 형태에 기업책임경영 관련 사안에 관한 조건과 기대사항을 포함한다(예: 사용자를 위한 "책임 있는 사용 가이드" 또는 "허용 가능한 사용 정책"의 마련).
8. 부정적 영향을 야기하거나 이에 기여하는 사업 관계에 있는 자가 시정 조치 계획을 수립하고 이행하는 과정에서, 영향을 받았거나 잠재적으로 영향을 받을 가능성이 있는 이해관계자 또는 그 대표자와 협의하고 소통하도록 장려한다.
9. 관련 사업 관계에 있는 자가 부정적 영향 또는 위험을 예방하거나 완화하도록 지원한다(예: 교육 지원, 해당 사업 관계에 있는 자의 관리 시스템 강화, 측정 가능하고 기한이 정해진 목표를 통해 지속적 개선을 도모).
10. 부정적 영향이 발생하고 있는 국가의 관련 당국이 조치를 취하도록 장려한다(예: 점검, 기존 법령과 규정의 집행 및 적용을 통해).
11. 다른 기업 및 이해관계자와 협의하여 부정적 영향의 중단 및/또는 그 재발을 방지하거나 위험이 현실화되는 것을 예방한다(예: 산업 이니셔티브 참여 및 정부와의 협의를 통해).
12. 사업 관계에 있는 자의 실사 정보가 공개적으로 이용 가능하지 않은 경우, 기밀유지 하의 양자 또는 다자 간 합의를 통해 투명성을 제고하거나 실사 수행을 입증할 수 있도록 사업 관계에 있는 자의 참여를 모색한다(예: 신뢰할 수 있는 산업 또는 다중 이해관계자 이니셔티브에 대한 공개 또는 비밀유지계약).
13. 최후의 수단으로서, 해당 사업 관계의 종료를 고려한다(박스 2.15 참조)

박스 2.15. 위험 맥락에서의 사업 관계 종료에 대한 이해

AI 시스템의 개발 및 사용에서 형성되는 사업 관계 사이의 역학 관계는 지속적으로 변화하고 있으며, 이 맥락에서 사업 관계 종료가 갖는 전반적 함의를 완전히 이해하기 위해서는 추가적인 연구와 협의가 필요하다. 경우에 따라서는, 사업 관계 종료가 가능하지 않을 수도 있다. AI 는 개인용 및 업무용 도구에 점점 더 광범위하게 통합되고 있으며, 경제의 여러 부문에서 기업 활동을 수행하는 데 있어 근본적 요소가 되고 있다. 또한, 범용 AI 개발자나

반도체 제조업체와 같이 AI 시스템 개발의 일부 단계에서는 필수적인 공급원에 해당하면서 그 수가 지극히 제한적인 기업들이 존재하기 때문에, 이들과의 사업 관계를 종료하는 것은 어렵거나 불가능할 수 있다.

다국적기업 가이드라인에 따르면, 일반적으로 사업 관계의 종료는 완화 시도가 실패한 이후, 또는 기업이 완화가 실행 가능하지 않다고 판단하는 경우, 또는 부정적 영향의 심각성으로 인해, 최후의 수단으로 고려될 수 있다. 기업이 해당 사업 관계를 계속 유지할 수 있고, 시간이 지남에 따라 현실적인 개선 전망 또는 실제 개선을 입증할 수 있는 경우에는, 이러한 접근방식이 사업 관계 종료보다 더 바람직한 경우가 많다.

따라서 이러한 상황에서 적절한 조치를 결정할 때 고려되는 요인 중에는, 해당 사업 관계에 대한 기업의 영향력과 영향의 심각성이 포함된다. 또한 해당 사업 관계가 기업에 얼마나 핵심적인지, 그리고 사업 관계를 종료하기로 한 결정과 관련하여 발생할 수 있는 사회적, 환경적 및 경제적인 부정적 영향 또한 고려해야 할 관련 요인이다.

사업 관계 종료가 불가능한 경우에는, 기업이 해당 상황을 내부적으로 보고하고, 예컨대 지식 데이터베이스를 유지하는 등의 방식을 통해 사업 관계를 계속 모니터링하며, 상황이 변화하는 경우 또는 기업이 모든 부정적 영향에 체계적으로 대응하기 위한 장기 전략의 일부로서, 사업 관계를 계속 유지하기로 한 결정을 재검토할 것이 권고된다.

또한 기업의 이익에 부합할 수 있는 조치로서, 기업은 사업 관계를 종료하지 않기로 한 결정, 이러한 결정이 자사의 정책 및 우선순위에 어떻게 부합하는지, 부정적 영향을 완화하기 위하여 영향력을 행사하려는 목적으로 어떤 조치를 취하고 있는지, 그리고 향후 해당 사업 관계를 어떻게 지속적으로 모니터링 할 것인지를 공개적으로 설명할 수 있다.

박스 2.16. AI 시스템 개발에 투자하는 투자자 및 금융기관을 위한 실사의 실무 예시

투자자와 금융기관은 AI 시스템 개발에서 핵심적 역할을 하며, AI 기업은 상당한 규모의 자금을 유치하고 있다. 예컨대, AI 벤처캐피탈(VC)의 전 세계 연간 투자액은 2012 년 약 69 억달러에서 2024 년 1,470 억 달러로 급증했으며, 2025 년 3 분기 기준 전체 VC 투자금액 가치의 56%를 차지했다(OECD, n.d.[29]). 이러한 흐름 속에서 일부 투자자, 특히 초기 단계 투자자는 피투자기업을 투자함으로써 프로젝트의 방향을 형성하고 규정하는 데 관여하고 있기 때문에, 영향력을 행사할 수 있는 위치에 있는 경우가 많다.* 투자자와 금융기관이 강한 의제 설정 역량을 갖는 또 다른 영역은 피투자기업 및 고객이 스스로 AI 시스템에 투자할 때 참고할 지침을 제공하는 것이다. 투자자와 금융기관은 피투자기업이 실제 또는 잠재적인 부정적 영향을 식별하고 이를 해결하도록 장려하는 역할을 할 수 있다. 실무 이행 예시는 다음과 같다.

- 포트폴리오 위험 평가 또는 투자 분석에 부정적 영향 위험을 포함한다.
- 피투자기업과 관련된 위험 식별을 지원하기 위해 이해관계자를 참여시킨다.

- 피투자기업과의 양자 대화를 통해, 위험평가(이해관계자의 참여를 통해 도출된 사항 포함)에서 표시된 우려를 제기하고, 피투자기업의 실사 관행에 대해 추가로 파악하며, 피투자기업으로부터 추가 정보/조치를 요청한다.
- 피투자기업에 AI 시스템을 채택하는 이유에 관한 명확하고 간결한 근거를 제시하도록 요청한다.
- 책임 있는 AI 와 관련하여 더욱 강력하고 일관된 투자자 접근을 구축하기 위한 동료 투자자 간 조정 노력에 참여한다.
- 책임 있는 AI 와 관련하여 기업 간 모범 관행/개선된 시장 표준을 장려하거나 개발하기 위한 이니셔티브를 수립 또는 이에 참여한다.
- 기업책임경영 관련 우려사항을 해결하기 위하여, 뜻을 같이 하는 투자자들과 공개 서약에 서명한다.
- 필요한 경우, 부정적 영향의 위험을 다루는 주주제안서를 제출한다.
- 피투자자기업의 실사 노력을 개선하기 위한 다른 방법이 성과를 거두지 못하는 경우, 이사회 구성원에 대한 반대 의결권 행사를 고려하거나, 부여된 투자 운용 권한 범위 안에서 가능한 경우 투자 철회를 검토한다.
- 기업이 실사를 수행하지 못함에 따라 해당 기업에 대한 투자 철회 또는 투자 포트폴리오에서 제외 하는 경우, 이를 공개적으로 공표한다.

주: * 2022 년 이후 '윤리적 AI 를 위한 집단영향연합'(Collective Impact Coalition for Ethical AI)이라는 기치 아래, 투자자들은 2021 년 세계 벤치마킹 얼라이언스(World Benchmarking Alliance)의 '디지털 포용성 벤치마크'(DI B)에서 평가된 150 개 기업 중 44 개 기업을 대상으로 아웃리치 활동을 주도해 왔으며, 특히 AI 개발 및 사용을 이끄는 공개 원칙 세트를 보유하지 않은 기업들에 초점을 맞추었다. 이러한 참여는 추가로 14 개 기업이 2023 년 DIB 에서 자사의 AI 원칙을 발표하도록 하는 데 기여하였고, 그 결과 공개된 원칙을 공시한 기업 수는 150 개 중 47 개(31%)로 증가했다 (World Benchmarking Alliance, 2023[30]).
출처: OECD 기업책임경영 센터는 기관투자자, 기업대출 및 증권 인수, 프로젝트 및 자산금융 거래를 대상으로 한 맞춤형(fit-for-purpose) 지침을 개발함으로써, 다양한 금융거래 및 행위자별로 기업책임경영 실사를 운영 가능하도록 노력해 왔다. OECD (2022[31]), 「프로젝트 및 자산 금융 거래를 위한 기업책임경영 실사」(Responsible business conduct due diligence for project and asset finance transactions) https://doi.org/10.1787/952805e9-en.

4 단계 - 실사 활동의 이행 및 결과 추적

기업의 실사 활동의 이행 상황과 효과성을 추적한다. 즉, 부정적 영향을 식별하고, 예방 및 완화하며, 적절한 경우 해당 부정적 영향의 구제를 지원하는 조치의 이행 상황과 효과성을 추적한다.

표 2.5. 4 단계: 기존 프레임워크 내 관련 조항 로드맵

인공지능 위험관리 프레임워크	관련 조항
아세안 가이드	제 C.3 절 및 부속서 A:3
호주 인공지능 도입 지침 (이행 관행)	이행 관행 1, 2, 3, 4, 5
Canada CoC	인간 감독 및 모니터링

인공지능 위험관리 프레임워크	관련 조항
CoE HUDERIA	반복적 요구사항
EU AIA	전문 114, 제 9 조 제 5 항-제 8 항: 시험, 제 55 조 제 1 항 (c)호: 범용 AI 모델에 대한 인시던트 보고, 제 60 조: AI 규제 샌드박스 외부의 실제 환경에서 고위험 AI 시스템 시험, 제 72 조: 시장 출시 후 모니터링
EU DSA	제 37 조: 독립 감사
EU CSDDD	제 14 조: 통지 메커니즘 및 이의제기 절차의 수립 및 유지, 제 15 조: 실사 정책 및 조치의 효과성 모니터링
히로시마 프로세스 CoC	원칙 4
ISO 31000 & ISO/IEC 23894	6.6: 모니터링 및 검토
ISO/IEC 42001	8.1: 운영 계획 및 관리, 9: 성과 평가, 10: 개선, 부속서 A.6.2.6 및 A.6.2.8 (모니터링 및 로깅), 부속서 A.8.4 (인시던트 의사소통)
대한민국 인공지능 기본법	제 32 조 및 제 34 조
싱가포르 인공지능 검증 테스트 프레임워크	안전 4.1.1 – 4.6.1; 보안 5.1.1 – 5.7.1; 견고성 6.1.1 – 6.5.3
UNGPs	운영 원칙 20
영국 과학혁신기술부 인공지능 보증 프레임워크	5.7: 준수 감사; 6.1.3: 내부 거버넌스 및 위험관리 검토
US NIST AI RMF	측정 (Measure) 1, 4

이행을 위한 실무 예시 (AI 가치사슬 내 모든 기업, 1~3 그룹)

1. 과거 실사 과정에서 간과되었을 수 있는 부정적 영향 또는 위험을 식별하고, 이를 향후 실사에 반영한다.
2. 이전에 탐지되지 않았던 위험이 존재하는지, 또는 이전에 평가된 위험이 더 이상 허용 가능하지 않은지를 평가한다.
3. 이해관계자 참여 노력의 효과성을 평가한다(예: 참여가 적시에 이루어지는지, 접근 가능한지, 이해관계자에게 적절하며 안전한지를 검토)
4. 향후 절차와 성과를 개선하기 위해, 도출된 교훈에 대한 피드백을 기업의 실사에 반영한다.
5. 배포 환경과 유사한 조건에서, AI 시스템의 성능 또는 보증 기준을 정성적 또는 정량적으로 모니터링하고 추적한다. 예를 들어, 다음과 같은 방법을 통해 수행할 수 있다.

   가) 시험 및 평가, 검증 및 유효성 확인(TEVV) 과정에서 사용된 시험 세트, 지표 및 도구의 세부사항을 문서화한다.

   나) 관련 AI 행위자 및 부정적 영향을 받은 지역사회를 포함한 기타 이해관계자와의 협의, 그리고 맥락 관련 위험 및 신뢰성 특성에 관한 현장 데이터에 근거하여, 측정 가능한 성능의 개선 또는 저하를 식별하고 문서화한다.

   다) 부정적 영향을 받은 지역사회, 정부, 근로자, 근로자 대표 및 노동조합, 시민 사회, 학계 등을 포함한 이해관계자와 인시던트 관련 정보를 문서화하고 공유한다. 이는 고도화된 AI 시스템의 안전, 보안 및 신뢰성을 제고한다는 관점에서 이루어져야 한다.

   라) 시스템이 의도된 바대로 일관되게 작동되는지 검증하기 위해, 배포 맥락에서의 AI 시스템 신뢰성 및 AI 시스템 생애주기 전반에 관한 모니터링 결과를 도메인 전문가 및 관련 AI 행위자 및 이해관계자와 문서화하고 공유한다.

6. 실사에 관한 조직 자체의 내부적 약속, 활동 및 목표의 이행과 효과성을 모니터링하고 추적한다(예: 달성된 성과에 대해 정기적인 내부 또는 제 3 자 검토나 감사를 수행하고, 그 결과를 조직 내 관련 수준에서 소통하는 방법을 통해 수행).
7. 사업 관계에 대해 정기적 평가를 수행하여, 위험 완화 조치가 실제로 추진되고 있는지 확인하거나, 부정적 영향이 실제로 예방 또는 완화되었는지 검증한다.

5 단계 - 부정적 영향을 해결하기 위한 조치의 소통

실제 또는 잠재적인 부정적 영향을 식별하고 해결하기 위해 수행된 실사 정책, 절차 및 활동에 관한 정보를, 해당 활동의 조사 결과와 성과를 포함하여, 외부에 소통한다. 소통은 대상 독자에 따라 다양한 형태로 이루어질 수 있다(예: 이해관계자 협의, 그리고 기업의 연차 보고서, 지속가능성 보고서 또는 기업의 사회적 책임 보고서 등을 통한 대외 공시, 또는 법령이나 자발적 이니셔티브에 따라 요구되는 기타 적절한 공시 형태).

표 2.6. 5 단계: 기존 프레임워크 내 관련 조항의 로드맵

인공지능 위험관리 프레임워크	관련 조항
아세안 가이드	제 C.4 절: 이해관계자와의 상호작용과 의사소통 및 부속서 A:5
호주 인공지능 도입 지침 (이행 관행)	이행 관행 1, 2, 3, 4
Canada CoC	투명성
CoE HUDERIA	이해관계자의 참여 절차(SEP)
EU AI ACT	제 13 조: 배포자에 대한 투명성 및 정보 제공, 제 53 조 제 1 항 (a) 및 (d)호, 제 55 조 제 1 항 (c)호
EU DSA	제 42 조: 투명성 보고 의무
EU CSDDD	제 16 조: 실사에 관한 공개 소통
히로시마 프로세스 CoC	원칙 4 및 5
IEEE 7000	11: 투명성 관리 절차
ISO 31000 & ISO/IEC 23894	6.7: 기록 및 보고
ISO/IEC 42001	7.4 의사소통; 부속서 A.6.2.7, A.8.2, A.8.4, A.8.5.
일본기업을 위한 AI 가이드라인	제 2 부 C. 공통 지도 원칙 6, 7, 부록 3, 4, 5, 제 2 부 B "공통 지도 원칙"의 설명 6,7
대한민국 인공지능 기본법	제 28 조 및 제 31 조
싱가포르 인공지능 검증 테스트 프레임워크	투명성 1.1.1 – 1.5.1
UNGPs	운영 원칙 21
영국 과학혁신기술부 인공지능 보증 프레임워크	4.1.3: 소통
US NIST AI RMF	관리(Manage) 4

이행을 위한 실무 예시 (AI 가치사슬 전반의 모든 기업, 1~3 그룹)

1. 상업상 기밀, 경쟁법, 그 밖의 경쟁상 또는 보안상 우려사항을 적절히 고려하면서, 실사 절차에 관한 모든 관련 정보를 공개적으로 소통한다.[12] 이에는 다음과 관련된 정보를 포함한다.
   가) 1 단계에 따른 기업책임경영 관련 정책. 여기에는 관련 자발적 이니셔티브에 대한 약속 및 그 이행에 관한 정보를 포함한다.
   나) 중대한 인시던트 및 오류를 추적하고 이에 대응하며 복구하기 위한 절차를 포함한다.
   다) 중대한 부정적 영향 또는 위험을 파악, 우선순위 결정 및 평가. 기업이 야기하거나 기여하는 인권 영향 또는 그 밖의 주목할만한 위험의 경우, 영향을 받았거나 잠재적으로 영향을 받을 수 있는 이해관계자에게 시의적절하고, 문화적으로 민감하며 접근 가능한 방식으로, 그들에게 관련되는 모든 정보를 소통한다. 특히 이해관계자 본인 또는 그들을 대리하는 자에 의해 관련 우려사항이 제기되는 경우에는 이러한 방식으로 정보를 소통한다.
   라) 위험 우선순위 결정 기준 및 절차
   마) 위험을 예방하거나 완화하기 위해 이미 취했거나 계획된 조치. 가능한 경우 개선을 위한 예상 일정 및 기준점과 그 결과가 포함된다. 예컨대, 부정적 영향 위험에 대해 수행한 평가(레드팀 점검 포함)의 세부사항 등이 이에 해당한다.
   바) 이행 및 결과를 추적하기 위한 조치
   사) 구제의 제공 또는 구제에 대한 협력
   아) AI 시스템의 역량, 한계, 그리고 적절한 사용 및 부적절한 사용의 영역
   자) 광범위하게 사용될 수 있는 AI 시스템의 모든 중대한 신규 출시와 관련된 의미 있는 정보
   차) 이러한 실사 절차의 설계 및 이행에 관련 이해관계자가 참여하는 방식
   카) 관련되는 경우(예: 2 그룹 대상), AI 행위자가 안전조치를 우회하려 한 인시던트 및 시도에 관한 정보, 특히 범용 AI 시스템과 관련된 인시던트에 관한 정보
2. 상기 정보는 사용자 친화적이고, 정기적이며, 시의적절하고, 신뢰할 수 있으며, 명확하고, 완전하며, 정확하고, 충분한 세부 내용을 갖춘 방식으로 공개한다(다국적기업 가이드라인 제 3 장, 정보의 공개 참조)
3. 정보가 서로 다른 대상 독자에 맞게 적절히 제시되도록 보장하고, 취약한 이해관계자(예: 근로자)가 정보를 이용할 수 있도록 특별한 조치를 취할 수 있다.

6 단계 - 적절한 경우 구제 제공 또는 구제 협력

기업이 실제 부정적 영향을 야기했거나 그에 기여한 경우, 가능한 범위에서, 영향을 받은 사람 또는 사람들이 해당 부정적 영향이 발생하기 이전의 상태로 회복할 수 있도록 조치를 취하고, 부정적 영향의 중대성과 규모에 비례하는 구제가 이루어지도록 노력한다.

표 2.7. 6 단계: 기존 프레임워크 내 관련 조항의 로드맵

인공지능 위험관리 프레임워크	관련 조항
아세안 가이드	제 C.4 절: 4. 이해관계자 참여 및 의사소통
호주 인공지능 도입 지침 (이행 관행)	이행 관행 1 및 2
EU DSA	제 14 조: 이용약관
EU CSDDD	제 12 조: 실제 발생한 부정적 영향에 대한 구제 제공
싱가포르 인공지능 검증 테스트 프레임워크	투명성 1.4.1 – 1.5.1
UNGPs	운영 원칙 22, 29, 30, 31
영국 과학혁신기술부 인공지능 보증 프레임워크	5.3: 데이터, 모델, 시스템 및 거버넌스를 실제 운영에서 보증

이행을 위한 실무 예시 (AI 가치사슬 내 모든 기업, 1~3 기업)

1. 적절한 경우(즉, 기업이 부정적 영향을 야기했거나 이에 기여한 경우에는), 영향을 받은 이해관계자가 이의를 제기하고 기업과 함께 해당 이의제기가 해결되도록 하는 정당한 구제 메커니즘을 제공하거나 이에 협력한다 (박스 2.17 참조).
2. 사업 관계와 직접적으로 연결된 부정적 영향의 경우, 기업은 경쟁법에 부합하는 방식으로 해당 사업 관계에 영향력을 행사하고, 구제 메커니즘을 제공하거나 이에 협력할 것으로 기대된다.

박스 2.17. 부정적 영향에서 구제하기 위해 가능한 방안

구제의 궁극적 목표는 영향을 받은 사람 또는 사람들을 해당 부정적 영향이 발생하기 이전의 상태로 회복시키는 데 있다. 효과적인 구제는 맥락에 따라 달라지며, 여러 가능한 선택지가 존재한다. 야기된 피해의 규모와 맥락에 따라 다수의 구제방안이 활용될 수 있다. 이러한 구제방안은 대체로 다음을 포함한다.

- 원상회복: 영향을 받은 개인이나 집단을 해당 피해 발생 이전의 상태로 회복시키는 것
- 보상: 경제적으로 평가할 수 있는 피해를 보상하기 위한 금전적 보상으로, 신체적 또는 정신적 피해, 일실 소득, 또는 의료비 등 전문가의 도움을 받는 데 소요되는 비용에 대한 보상을 포함할 수 있다.
- 재활: 의료 및 심리적 돌봄과 법률 및 사회적 서비스를 제공하는 것
- 만족: 사실관계의 인정, 영향을 받은 개인과 집단의 존엄을 회복하기 위한 결정, 인권이 존중되지 않았다는 사실에 대한 인정, 사과, 벌금 및 징역형 등 피해에 책임이 있는 자에 대한 법적 제재 및 추모
- 재발방지 보장: 시스템의 종료, 금지명령(injunctions), 기업의 정책, 절차 및 전략의 변경 등 장래의 예방에 기여하는 조치

구제의 이행을 지원할 수 있는 메커니즘은 다음을 포함하여 다양한 형태를 취할 수 있다.

- 분쟁 해결 메커니즘을 거치지 않고 (이해관계자와의 협의하여) 기업이 직접 조치를 취하는 방식

- 독립적이고 다학제적인 패널에 의한 알고리즘 감사
- 사법적 메커니즘: 국내 및 지역 법원
- 국가 기반 비사법적 메커니즘: 기국내연락사무소, 옴부즈만, 감독기관 및 국가인권기구 등과 같이, 국가와 연계되어 있으며 어떤 형태로든 구제를 제공할 잠재력이 있는 메커니즘
- 비국가 기반 고충처리 메커니즘: 기업과 같은 민간 주체 또는 경우에 따라 산업협회나 다중 이해관계자 그룹이 개발하고 운영하는 구제 메커니즘(효과적인 구제 메커니즘 요건에 대해서는 UNCP 31 참조) (UN OHCHR, 2021[32]).

출처: UN 인권최고대표사무소(UN OHCHR) B-Tech 프로젝트, (2021[33]), 「구제 접근성과 기술 부문: 기본 개념과 원칙」(Access to remedy and the technology sector: basic concepts and principles) https://www.ohchr.org/sites/default/files/Documents/Issues/Business/B-Tech/access-to-remedy-concepts-and-principles.pdf.

참고문헌

BSR (2022), *Sales partners and human rights due diligence in the technology sector: Best practices brief*, https://www.bsr.org/reports/Sales_Partner_-_Best_Practice_Brief.pdf. [27]

Centre for the Governance of AI (2023), *Towards best practices in AGI safety and governance: A survey of expert opinion*, https://arxiv.org/pdf/2305.07153. [19]

Coalition for Content Provenance and Authenticity (C2PA) (n.d.), *Guiding Principles for C2PA Designs and Specifications*, https://c2pa.org/principles/. [22]

European Center for Not-for-Profit Law (2023), *Framework for Meaningful Engagement*, https://oecd.ai/en/catalogue/tools/framework-for-meaningful-engagement-of-external-stakeholders-in-ai-development. [38]

European Union (2024), *Regulation (EU) 2024/1689 of the European Parliament and of the Council of 13 June 2024 laying down harmonised rules on artificial intelligence and amending Regulations (EC) No 300/2008, (EU) No 167/2013, (EU) No 168/2013, (EU) 2018/858, (EU) 2018/1139 an*, https://eur-lex.europa.eu/legal-content/EN/TXT/?uri=OJ:L_202401689. [14]

G7 (2023), *Hiroshima Process International Code of Conduct for Advanced AI Systems*, https://www.soumu.go.jp/hiroshimaaiprocess/en/documents.html. [15]

ILO (2023), *Tripartite Declaration of Principles concerning Multinational Enterprises and Social Policy*, https://www.ilo.org/publications/tripartite-declaration-principles-concerning-multinational-enterprises-and-3. [5]

Institute for AI Policy and Strategy (IAPS) (2023), *Deployment corrections: An incident response framework for frontier AI*, https://static1.squarespace.com/static/64edf8e7f2b10d716b5ba0e1/t/651c397fc04af033499df9f8/1696348544356/Deployment+corrections_+an+incident+response+framework+for+frontier+AI+models.pdf. [24]

ISO (2023), *ISO/IEC 27035-1:2023: Information security incident management*, https://www.iso.org/standard/78973.html. [25]

ISO (2018), *ISO 31000:2018 Risk management — Guidelines*, https://www.iso.org/standard/65694.html. [36]

NIST (2024), *NIST AI 600-1 Artificial Intelligence Risk Management Framework: Generative Artificial Intelligence Profile*, https://doi.org/10.6028/NIST.AI.600-1. [41]

OECD (2025), *RBC Spotlight: Due diligence in electronics and vehicle manufacturing*, https://www.oecd.org/en/publications/responsible-business-conduct-spotlights_03a75bf9-en/due-diligence-in-electronics-and-vehicle-manufacturing_993bb959-en.html. [39]

OECD (2025), "Towards a common reporting framework for AI incidents", *OECD Artificial Intelligence Papers*, No. 34, OECD Publishing, Paris, https://doi.org/10.1787/f326d4ac-en. [28]

OECD (2024), "AI, data governance and privacy: Synergies and areas of international co-operation", *OECD Artificial Intelligence Papers*, No. 22, OECD Publishing, Paris, https://doi.org/10.1787/2476b1a4-en. [20]

OECD (2024), "Defining AI incidents and related terms", *OECD Artificial Intelligence Papers*, No. 16, OECD Publishing, Paris, https://doi.org/10.1787/d1a8d965-en. [34]

OECD (2024), *Explanatory memorandum on the updated OECD definition of an AI system*, https://www.oecd-ilibrary.org/science-and-technology/explanatory-memorandum-on-the-updated-oecd-definition-of-an-ai-system_623da898-en. [2]

OECD (2024), "Explanatory memorandum on the updated OECD definition of an AI system", *OECD Artificial Intelligence Papers*, No. 8, OECD Publishing, Paris, https://doi.org/10.1787/623da898-en. [6]

OECD (2024), *Recommendation of the Council on Artificial Intelligence*, https://legalinstruments.oecd.org/en/instruments/oecd-legal-0449. [9]

OECD (2023), "Advancing accountability in AI: Governing and managing risks throughout the lifecycle for trustworthy AI", *OECD Digital Economy Papers*, No. 349, OECD Publishing, Paris, https://doi.org/10.1787/2448f04b-en. [17]

OECD (2023), *Common Guideposts to Promote Interoperability in AI Risk Management*, https://www.oecd-ilibrary.org/docserver/ba602d18-en.pdf?expires=1700737987&id=id&accname=ocid84004878&checksum=74F08ECC1794AF825ADFFE292B62FD50. [10]

OECD (2023), *OECD Guidelines for Multinational Enterprises on Responsible Business Conduct*, OECD Publishing, Paris, https://doi.org/10.1787/81f92357-en. [1]

OECD (2022), *Measuring environmental impacts of AI compute and applications*, https://www.oecd-ilibrary.org/docserver/7babf571-en.pdf?expires=1716997196&id=id&accname=ocid84004878&checksum=C13188D88E3A07543BCC1AAAD636B592. [7]

OECD (2022), "OECD Framework for the Classification of AI systems", *OECD Digital Economy Papers*, No. 323, OECD Publishing, Paris, https://doi.org/10.1787/cb6d9eca-en. [13]

OECD (2022), *Report on the Implementation of the Recommendation of the OECD Council on Due Diligence Guidance for Responsible Supply Chains of Minerals from Conflict-Affected and High-Risk Areas*, https://legalinstruments.oecd.org/en/instruments/OECD-LEGAL-0386. [37]

OECD (2022), *Responsible Business Conduct Due Diligence for Project and Asset Finance Transactions*, https://doi.org/10.1787/952805e9-en. [31]

OECD (2018), *OECD Due Diligence Guidance for Responsible Business Conduct*, OECD Publishing, Paris, https://doi.org/10.1787/15f5f4b3-en. [3]

OECD (2016), *OECD Due Diligence Guidance for Responsible Supply Chains of Minerals from Conflict-Affected and High-Risk Areas: Third Edition*, OECD Publishing, Paris, https://doi.org/10.1787/9789264252479-en. [40]

OECD (2015), *Competition Law and Responsible Business Conduct*, https://mneguidelines.oecd.org/global-forum/2015GFRBC-Competition-Law-RBC.pdf. [11]

OECD (2015), *Competition Law and Responsible Business Conduct*, https://mneguidelines.oecd.org/global-forum/2015GFRBC-Competition-Law-RBC.pdf. [16]

OECD (2013), *Guidelines governing the protection of privacy and transborder flows of personal data*, https://legalinstruments.oecd.org/en/instruments/OECD-LEGAL-0188. [18]

OECD (n.d.), *Catalogue of tools and metrics for trustworthy AI*, https://oecd.ai/en/catalogue/tools. [12]

OECD (n.d.), *Worldwide investments in AI*, https://oecd.ai/en/data?selectedArea=investments-in-ai-and-data (accessed on 1 October 2025). [29]

Partnership on AI (2021), *Responsible Sourcing of Data Enrichment Services*, http://partnershiponai.org/wp-content/uploads/2021/08/PAI-Responsible-Sourcing-of-Data-Enrichment-Services.pdf. [8]

Partnership on AI (n.d.), *Responsible Practices for Synthetic Media*, https://syntheticmedia.partnershiponai.org/#read_the_framework. [23]

Solaiman, I. (2023), *The Gradient of Generative AI Release: Methods and Considerations*, https://arxiv.org/pdf/2302.04844. [26]

UN OHCHR (2021), *OHCHR Accountability and Remedy Project: Meeting the UNGPs' Effectiveness Criteria*, https://www.ohchr.org/sites/default/files/2022-01/arp-note-meeting-effectiveness-criteria.pdf. [32]

UN OHCHR B-Tech Project (2021), *Access to remedy and the technology sector: Basic concepts and principles*, https://www.ohchr.org/sites/default/files/Documents/Issues/Business/B-Tech/access-to-remedy-concepts-and-principles.pdf. [33]

United Nations Office of the High Commissioner on Human Rights (2012), *United Nations Guiding Principles on Business and Human Rights*, https://www.ohchr.org/en/publications/reference-publications/guiding-principles-business-and-human-rights. [4]

US Department of Commerce. National Telecommunications and Information Administration (2024), *AI Accountability Policy Report*, https://www.ntia.gov/sites/default/files/publications/ntia-ai-report-final.pdf. [21]

US National Institute of Standards and Technology (2023), *AI Risk Management Framework 1.0*, https://doi.org/10.6028/NIST.AI.100-1. [35]

World Benchmarking Alliance (2023), *Digital Inclusion Collective Impact Coalition 2023 Progress Report*, https://www.worldbenchmarkingalliance.org/impact/digital-inclusion-collective-impact-coalition-progress-report/. [30]

용어집

AI 시스템

이 지침에서 참조하는 OECD 기준 및 보고서에서 사용되는 용어	AI 시스템에 대한 정의는 2023 년에 개정된 「OECD 인공지능에 관한 권고」(OECD Recommendation on AI)에서 제시한 정의를 따른다 (OECD, 2024[6]). 해당 권고에 따르면, AI 시스템은 기계 기반 시스템으로서, 명시적 또는 묵시적 목적을 위해 수신한 입력을 바탕으로 예측, 콘텐츠, 권고 또는 결정과 같은 산출물을 생성하는 방식을 추론하며, 그러한 산출물은 물리적 또는 가상 환경에 영향을 미칠 수 있다. AI 시스템마다 배포 이후의 자율성과 적응성 수준은 서로 다르다. 이 정의의 배경이 되는 논리는 OECD 가 발간한 적요(memorandum)에서 상세히 설명되어 있다 (2024[2]).
기타 위험관리 프레임워크에서 사용되는 용어	유럽연합 인공지능법(EU AIA), 미국 국립표준기술연구소의 위험관리 프레임워크(NIST RMF), 아세안 가이드(ASEAN Guide), 유럽평의회협약(Council of Europe Convention)은 모두 「OECD 인공지능에 관한 권고」에서 사용되는 정의를 직접 채택하거나 이를 준용 및 참고, 또는 그 정의에서 경미하게만 벗어난다.
이 지침에서의 용어 및 적용상 차이	이 지침의 목적상, AI 시스템은 「OECD 인공지능에 관한 권고」에서 사용된 정의에 따라 이해할 수 있다.

평가(Assess)/측정/평가(Evaluate)

이 지침에서 참조하는 OECD 기준 및 보고서에서 사용되는 용어	상호운용성 프레임워크*는 이 절차 단계를, 위험을 식별하고 해당 위험이 발생할 수 있는 메커니즘을 분석하며, 위험의 발생 가능성과 심각성을 평가하는 단계로 설명한다. OECD 실사 지침도 대체로 동일한 의미로 동일한 용어를 사용하지만, 기업이 사업 관계로 인해 발생한 영향에 대해 자사가 그 영향에 어떻게 관련되어 있는지 또는 기여했는지도 평가(assess)할 것을 권고한다. 또한 이 단계에는 위험 우선순위 결정 과정이 포함되며, 기업은 심각성과 발생가능성에 근거하여 조치가 필요한 가장 중대한 위험과 영향의 우선순위를 설정한다.
기타 위험관리 프레임워크에서 사용되는 용어	NIST RMF, ISO 31000, IEEE 7000-21, ISO/IEC Guide 51 등 다른 위험관리 프레임워크는 이 절차 단계를 측정(measuring) 또는 평가(evaluating)로 지칭한다. NIST RMF 하에서, 위험을 측정하는 것은 위험을 추적하기 위해 신뢰할 수 있는 특성과 사회적 영향에 관한 지표를 사용하는 것을 포함한다. UNGPs 는 다국적기업 가이드라인 및 OECD 실사 지침과 부합한다(원칙 17 및 24 참조).
이 지침에서의 용어 및 적용상 차이	이들 문서는 용어를 유사한 방식으로 사용하지만, 그 적용범위는 다소 상이하다. 예컨대, 평가(assessment)는 신뢰성 목표와의 관련성, 부정적 영향에 대한 관여 정도(예: 부정적 영향 야기, 기여 및 직접 연결), 또는 기업에 대한 위험과 관련하여 수행될 수 있다. 이 지침의 목적상 '평가(assess)'는 이러한 측면을 모두 포괄하는 의미로 사용한다.

* 상호운용성 프레임워크는 여러 프레임워크에 공통적으로 나타나는 AI 위험관리의 높은 수준 단계를 제시한 「AI 분야에서의 책임성 강화」 논문에 근거하여 정립된 것이다 (OECD, 2023[17]).

정의/식별/파악/범위 설정

이 지침에서 참조하는 OECD 기준 및 보고서에서 사용되는 용어	상호운용성 프레임워크*는 AI 시스템의 범위와 맥락 및 위험 평가를 위한 기준을, 예를 들어, 거버넌스 수준, 프로세스 수준 및/또는 기술 수준에서 '정의'(define)할 것을 권고한다. OECD 실사지침에서 이에 상응하는 용어는 '식별'(identify)이며, 이는 본질적으로 기업의 운영, 제품 및 서비스 전반은 물론 사업 관계 전반에 걸쳐 위험이 존재할 가능성이 높고 그 영향이 중대할 수 있는 모든 영역을 파악하기 위한 광범위한 범위 설정 작업이다.
기타 위험관리 프레임워크에서 사용되는 용어	NIST RMF 및 ISO 31000 등 기타 위험관리 프레임워크는 각각 이 절차를 '파악'(mapping)과 '범위 설정'(scoping)으로 지칭한다. 상호운용성 프레임워크와 유사하게, NIST RMF 는 무엇을 구조적으로 파악해야 하는지에 관해 구체적인 권고를 제시한다. 예를 들어, AI 시스템의 목적과 사용, 소프트웨어 및 해당 시스템이 사용하는 데이터를

	포함한 AI 시스템의 구성요소와 관련된 위험, 그리고 개인, 집단 및 사회에 미치는 영향 등을 파악 대상으로 제시한다. UNGPs 는 다국적기업 가이드라인 및 OECD 실사 지침과 부합한다(원칙 15 참조).
이 지침에서의 용어 및 적용상 차이	서로 다른 규범 문서들은 '정의', '식별', '파악' 및 '범위 설정'이라는 용어를 대체로 동일한 광범위한 일련의 조치를 지칭하는데 사용한다. 이 가운데 NIST RMF 의 '파악' 기능이 AI 시스템에 가장 구체적이고 적용 가능성이 높은 것으로 보인다. 마찬가지로, 모든 위험관리 프레임워크는 '정의' (또는 '식별'/'파악'/'범위 설정')를 위험 및 영향을 평가하기 위한 토대로서, 필수적인 위험관리 과정에서 구별되는 별개의 단계로 설명한다. 이 지침의 목적상, '정의'라는 용어는 이러한 모든 측면을 포괄하는 의미로 사용한다.

실사

이 지침에서 참조하는 OECD 기준 및 보고서에서 사용되는 용어	다국적기업 가이드라인에서 실사는 기업이 사업상 의사결정과 위험관리 체계의 필수적 구성요소로서 자사의 실제 및 잠재적인 부정적 영향을 어떻게 식별하고, 예방하며, 완화하고, 이에 어떻게 대응하는지를 설명할 수 있도록 하는 절차로 이해된다. 다국적기업 가이드라인은 실사 절차의 일부로 다음의 조치를 제시한다. 1. 기업책임경영을 기업정책 및 관리체계에 내재화, 2. 실제 및 잠재적인 부정적 영향 식별 및 평가, 3. 부정적 영향 중지, 예방 및 완화, 4. 실사 활동의 이행 및 결과 추적, 5. 부정적 영향을 해결하기 위한 조치의 소통, 6. 구제 제공 또는 구제 협의
기타 위험관리 프레임워크에서 사용되는 용어	「UN 기업과 인권이행원칙」(UNGPs)은 2011 년 다국적기업 가이드라인 개정과 병행하여 마련되었으며, 실사라는 용어와 관련하여 다국적기업 가이드라인과 부합한다. UNGPs 는 실사를 "실제 및 잠재적 인권 영향을 평가하고, 평가 결과를 통합하고 조치를 취하며, 반응을 추적하고, 영향의 해결 방식을 전달하는 것"을 포함하는 과정으로 정의한다 (OECD, 2023[17]). 또한, UNGPs 는 기업이 야기하거나 기여하거나, 또는 그들의 사업 관계를 통해 직접적으로 연결된 영향에 대해서도 실사를 수행할 것을 요구한다. 다른 위험 프레임워크들은 보통 ISO 31000 의 "위험관리" 정의를 참고하거나 변용하여, 다국적기업 가이드라인의 실사 기대수준과 유사하거나 그와 관련된 과정들을 지칭한다. ISO 31000 은 "위험관리는 위험과 관련하여 조직을 지휘하고 통제하기 위한 조정된 활동을 의미한다"고 규정한다.
이 지침에서의 용어 및 적용상 차이	실사와 관련된 개념은 프레임워크 전반에 걸쳐 대체로 내용상 일치한다. 용어 사용상의 핵심적인 차이는, 다국적기업 가이드라인과 UNGPs 가 실사를 기업의 자체 운영, 제품 및 서비스에만 초점을 맞추기 보다는, 기업의 사업 관계와 관련된 실사까지 명시적으로 지칭한다는 데 있다. 이 지침의 목적상, 실사는 다국적기업 가이드라인, OECD 실사 지침 및 UNGPs 에서 사용하는 더욱 포괄적인 용어로 이해할 수 있으며, 이는 조직의 자체 운영, 제품 및 서비스와 관련된 위험 관리뿐 아니라 조직의 사업 관계와 관련된 위험관리도 포함한다.

모니터링 및 검토/추적

이 지침에서 참조하는 OECD 기준 및 보고서에서 사용되는 용어	'모니터링 및 검토'는 위험과 그 위험을 처리하기 위해 취한 조치를 점검하는 지속적인 활동으로 이해된다. OECD 실사지침에서 모니터링 및 검토에 상응하는 용어는 '추적'(track)이다. 구체적으로, '추적'이란 사업 관계와 관련된 경우까지 포함하여, 실사 활동(즉, 영향을 식별, 예방, 완화 및 구제하기 위한 조치)의 이행, 효과성 및 그 결과를 추적하는 것을 말한다. 추적은 정기적으로 수행되며, 독립적인 제 3 자 감사의 형태로 이루어질 수도 있다.
기타 위험관리 프레임워크에서 사용되는 용어	다른 프레임워크들 역시 유사한 방식으로 모니터링 및 검토를 언급한다. 어떤 경우에는 모니터링과 검토가 실사 과정의 별도 단계가 되기도 하며(예: ISO 31000 에서), 또 다른 경우에서는 내부 거버넌스에 초점을 맞춘, 더욱 포괄적인 단계의 일부가 되기도 한다(예: 미국 국립표준기술연구소의 위험관리 프레임워크(NIST RMF)). UNGPs 는 다국적기업 가이드라인 및 OECD 실사 지침과 내용상 부합한다(원칙 17 및 20 참조).
이 지침에서의 용어 및 적용상 차이	일반적으로, 이러한 개념들은 프레임워크 전반에 걸쳐 대체로 동등한 개념이다.

위험 /인시던트/위해요인

이 지침에서 참조하는 OECD 기준 및 보고서에서 사용되는 용어	OECD 기업책임경영 관련 문서들은 다국적기업 가이드라인 각 장에서 다루는 주제, 즉, 노사관계를 포함한 인권, 환경, 뇌물 및 부정부패, 정보의 공개 및 소비자 보호의 맥락에서 부정적 영향 또는 잠재적인 부정적 영향(즉, 위험)을 설명한다. 다국적기업 가이드라인은 위험을 기업이 야기하거나 기여하거나 또는 직접적으로 연결되어 있는 사람, 환경 및 사회에 대한 부정적 영향이 발생할 가능성으로 본다. 다시 말해, 이는 위험에 대한 외부 지향적 접근방식이다. 기업의 행위 또는 그 공급망이나 사업 관계와 관련된 상황이 다국적기업 가이드라인의 권고와 부합하지 않는 경우, 부정적 영향이 발생할 가능성은 증가한다. 다국적기업 가이드라인의 권고에 부합하지 않는 행위는 향후 발생할 수 있는 영향을 수반할 수 있으므로, 그러한 행위가 발생할 잠재성이 있는 경우, 부정적

	영향의 위험이 존재할 수 있다. OECD 전문가 네트워크(OECD Network of Experts)는 AI 인시던트 모니터링에 관한 별도의 그러나 관련된 워크스트림(workstream)에서 AI 인시던트 및 위해 요인의 정의를 마련하기 위한 작업을 진행하고 있으며(OECD, 2024[34]), 그 정의는 다음과 같다. AI 인시던트란 하나 이상의 AI 시스템의 개발, 사용 또는 오작동이 직접적 또는 간접적으로 다음의 어느 하나에 해당하는 피해를 야기하는 사건, 상황, 또는 일련의 사건을 말한다. (가) 개인 또는 집단에 대한 부상 또는 건강상의 피해, (나) 중요 인프라의 관리 및 운영의 중단, (다) 인권을 존중하지 않거나 노동권 및 지적재산권 보호를 목적으로 하는 적용 법령상의 의무 위반, (라) 재산, 지역사회 또는 환경에 대한 피해. AI 위해요인이란 하나 이상의 AI 시스템의 개발, 사용 또는 오작동이 AI 인시던트로 이어질 가능성이 있는 사건, 상황 또는 일련의 사건을 의미하는 것으로, 즉 다음 중 어느 하나의 피해를 야기하는 경우를 말한다. (가) 개인 또는 집단에 대한 부상 또는 건강상의 피해, (나) 주요 인프라의 관리 및 운영의 중단, (다) 인권을 존중하지 않거나 노동권 및 지적재산권 보호를 목적으로 하는 적용 법령상의 의무 위반, (라) 재산, 지역사회 또는 환경에 대한 피해.
기타 위험관리 프레임워크에서 사용되는 용어	유럽연합 인공지능법(EU AIA)은 위험을, 피해 발생의 확률과 그 피해의 심각성의 결합으로 본다(European Union, 2024[14]). 여기서 "피해"는 유럽연합 법에 의해 보호되는 공익 및 기본권에 대한 피해로 이해된다. 이러한 피해는 물질적 또는 비물질적일 수 있으며, 신체적, 심리적, 사회적 또는 경제적 피해를 포함할 수 있다. 미국 국립표준기술연구소(NIST RMF)는 위험을 긍정적 측면과 부정적 측면을 모두 포함하는 개념으로 이해한다는 점에서 ISO 31000 과 동일한 접근방식을 채택한다 (US National Institute of Standards and Technology, 2023[35]) (ISO, 2018[36]). NIST RMF 는 위험을 어떤 사건이 발생할 확률과 그에 상응하는 사건 결과의 규모 또는 정도를 종합한 측정치로 정의한다. AI 시스템의 영향 또는 결과는 긍정적일 수도 있고, 부정적일 수도 있으며, 또는 양자 모두 일 수도 있고, 기회 또는 위협으로 이어질 수 있다.
본 지침에서의 용어 및 적용상 차이	다국적기업 가이드라인에서의 위험에 대한 정의는 기업이 "야기하거나, 기여하거나, 또는 직접적으로 연결될 수 있는" 영향을 포함한다는 점에서 그 범위가 더욱 넓다. 이는 관련 위험과 영향을 자사 운영에 국한하지 않고, 가치사슬 내 사업 관계와 연관된 영향 및 위험의 영역으로까지 확장한다. 또한 구체적인 위험의 범위는 프레임워크별로 상이하다. 이 지침의 목적상, 위험은 AI 인시던트 및 위해요인을 포함하면서도 가치사슬 실사 목적에 비추어 더욱 포괄적인 다국적기업 가이드라인의 정의에 따라 이해할 수 있다. 관련성이 있고 더욱 구체적인 구분이 필요한 경우, 본 지침은 인시던트와 위해요인이라는 용어를 사용한다.

이해관계자

이 지침에서 참조하는 OECD 기준 및 보고서에서 사용되는 용어	「OECD 인공지능에 관한 권고」는 이해관계자를 AI 시스템에 직접 또는 간접적으로 관여하거나 그 영향을 받는 모든 조직 및 개인으로 정의한다. 다국적기업 가이드라인에서 관련 이해관계자란 개인이나 집단, 또는 그들의 정당한 대표자를 의미하며, 이들은 다국적기업 가이드라인에서 다루는 사안과 관련된 권리 또는 이익을 보유하고 있으며, 기업의 운영, 제품 또는 서비스와 관련된 부정적 영향으로 인해 그러한 권리나 이익이 영향을 받고 있거나 영향을 받을 수 있다.
기타 위험관리 프레임워크에서 사용되는 용어	다른 프레임워크에서도 일반적으로 이해관계자라는 용어를 조직 및 개인을 포괄적으로 지칭하는 용어로 사용된다. 다른 맥락에서, "관련 이해관계자"는 보통 AI 시스템의 사용자, 시민사회, 근로자 대표, 중소기업 및 다른 기업 등을 의미한다.
이 지침에서의 용어 및 적용상 차이	이 지침의 목적상, 이해관계자는 가장 넓은 의미에서 AI 시스템에 관여하거나 그 영향을 받은 개인, 집단 또는 조직, 그리고 해당 시스템의 개발 및 사용에 관여하는 기업과 관련하여 관여하거나 영향을 받은 개인, 집단 또는 조직까지 포함하는 것으로 이해되어야 한다.

처리/중단, 예방, 완화 및 구제/관리

이 지침에서 참조하는 OECD 기준 및 보고서에서 사용되는 용어	상호운용성 프레임워크는 '위험 처리'(treatment)를, 위험의 가능성과 영향에 근거하여, 위험을 예방, 완화 또는 중단하기 위한 기법을 사용하는 것으로 정의한다. OECD 실사 권고도 위험 처리에 대해 유사한 접근방식을 취하지만, 기업이 해당 위험의 발생과 관련하여 부담하는 책임의 정도(예: 기업이 그 위험을 야기했는지, 그에 기여했는지, 또는 직접 연결되었는지)에 따라 취해야 할 조치의 유형을 더욱 구체적으로 제시한다. 기업은 식별된 위험 및 영향을 중단, 예방, 및/또는 완화할 것으로 기대된다. 기업이 사업 관계를 통해 어떤 영향에 기여하거나 그 영향과 직접적으로 연결되어 있는 경우, 기업은 가능한 범위 내에서 단독으로 또는 타인과 협력하여 자사의 영향력을 활용하여 변화를 이끌어내도록 노력해야 한다. 기업이 부정적 영향을 야기했거나 그에 기여한 경우, 기업은 구제를 제공하거나 그 구제에 협력할 것으로

	기대된다('구제'라는 용어에 대한 추가 논의는 아래 참조).
기타 위험관리 프레임워크에서 사용되는 용어	NST RMF 는 '관리'(Manage) 기능에서 위험 처리를 "인시던트 또는 사건에 대응하고, 그로부터 복구하며, 이와 관련하여 소통하기 위한 계획"으로 설명한다. 용어는 다르지만, 이러한 기능에 포함되는 일련의 조치는 일반적으로 OECD 실사 권고와 대체로 부합한다. 기대되는 조치에는 위험관리의 우선순위를 설정하고 이에 필요한 자원을 배분하는 것, 영향을 받은 이해관계자를 참여시키는 것, 그리고 위험관리 노력을 지속적으로 모니터링하고 문서화하는 것이 포함된다. NIST RMF 는 또한 위험 대응방안에 완화, 이전, 회피, 또는 수용이 포함될 수 있음을 언급하고 있다.
이 지침에서의 용어 및 적용상 차이	이 지침의 목적상 '처리'(treat)는 기업이 야기하거나 기여하거나 또는 사업 관계를 통해 직접 연결되어 있는 위험을 중단, 예방 또는 완화하는 것을 의미하는 것으로 이해할 수 있다.

주

[1] 「인공지능에 관한 권고」(Recommendation on AI)는 모든 이해관계자에게 관련된 다섯 가지 상호 보완적인 가치 기반 원칙과 정책입안자를 위한 다섯 가지 권고를 제시하며, 이 지침에서는 이를 통칭하여 “AI 원칙”(AI Principles)이라 한다.

[2] 다국적기업 가이드라인 제 1 장 제 4 항은 “이 가이드라인은 다국적기업에 대한 정확한 정의를 요구하지 않는다. 이 가이드라인은 가이드라인의 목적에 따라 어떠한 사업체가 다국적기업으로 판단될 수 있는지를 식별함에 있어서 광범위한 접근방식을 허용하고 있지만, 기업의 구조 또는 활동에 대한 국제적인 특성과 기업의 상업적 형태, 목적 또는 활동이 이러한 측면에서 고려하는 주요 요소이다”라고 명시하고 있다.

[3] AI 시스템의 생애주기는 일반적으로 기획 및 설계, 데이터 수집 및 처리, 모델 구축 및/또는 기존 모델의 특정 업무 조정, 시험·평가·검증 및 유효성 확인, 사용을 위한 제공/배포, 운영 및 모니터링, 운영 종료/폐기 등 여러 단계를 포함한다. 이러한 단계는 종종 반복적인 방식으로 이루어지며, 반드시 순차적일 필요는 없다. AI 시스템의 운영 종료 결정은 운영 및 모니터링 단계 중 어느 시점에서든 이루어질 수 있다. AI 원칙은 AI 시스템 생애주기에 관여하는 기업을 “AI 행위자”(AI actors)로 지칭한다(OECD, 2024[2]).

[4] 활동을 기준으로한 분류는 OECD 보고서 「AI 분야에서의 책임성 강화」(Advancing accountability in AI) (OECD, 2023[17])에서 마련되었으며, 이후 후속 초안 보고서인 「AI 분야 기업책임경영과 관련된 행위자, 쟁점 및 용어의 체계화 및 통합 초안」(*Draft mapping and consolidation of relevant actors, issues, and terminology for Responsible Business Conduct in AI)* [DSTI/CDEP/AIGO(2023)12]에서 추가로 구체화되었다. 이 후속 초안 보고서는 2022 년 11 월 AIGO 및 WPRBC 회의에서 논의된 바 있다.

[5] 원자재와 관련된 위험 해결에 관한 추가 정보는 「OECD 책임 있는 광물 공급망을 위한 실사 지침」(OECD Due Diligence Guidance for Responsible Supply Chains for Minerals) (OECD, 2016[40])을 참조하면 된다. 전자 및 차량 제조와 관련된 위험 해결에 대한 추가 정보는 「전자 및 차량 제조 산업에서의 실사」(Due diligence in electronics and vehicle manufacturing) (OECD, 2025[39])를 참조하시오.

[6] '배포'(deploy)라는 용어는 AI 원칙과 유럽연합 인공지능법에서 서로 다른 의미로 사용된다. AI 원칙에서의 배포는 AI 시스템을 사용할 수 있도록 제공하는 것으로 이해할 수 있다. 반면 유럽연합 인공지능법에서는 "배포자란 AI 시스템이 개인적이고 비전문적인 활동 과정에서 사용하는 경우를 제외하고, 자신의 권한 하에서 AI 시스템을 사용하는 자연인 또는 법인, 공공기관, 기관 또는 기타 단체를 말한다" (European Union, 2024[14])고 규정한다. 유럽연합 인공지능법상의 배포자에 대한 정의는 본 지침에서 '3 그룹: AI 시스템 사용자'로 설명하는 범주에 더욱 가깝다.

[7] 국내연락사무소(NCPs)는 홍보 활동 수행, 문의 처리, 그리고 이의신청 사건에서 다국적기업 가이드라인 이행과 관련하여 제기되는 쟁점 해결에 기여함으로써, 다국적기업 가이드라인의 효용성을 제고할 의무를 가진다. 개인 또는 단체는 기업의 전 세계 어느 지역에서의 운영과 관련된 사안이라도, 해당 기업이 활동하거나 소재한 국가의 NCP 에 이의신청(사건)을 제기할 수 있다. NCP 는 당사자들이 쟁점을 해결할 수 있도록 조정이나 중재와 같은 합의에 의한 비당사자주의적 절차에 대한 접근방식을 촉진한다. NCP 는 이의신청 절차를 종결하는 경우 최종 성명을 발표해야 한다. 또한 NCP 는 해당 이의신청의 구체적 상황에 따라 권고를 제시할 수 있다. NCP 절차, 개별 NCP 또는 이의신청 사건에 관한 정보는 「OECD 다국적기업 기업책임경영 가이드라인」에서 참조할 수 있다 (OECD, 2025[39]).

[8] 다국적기업 가이드라인은 또한 "기업은 소수성, 취약성, 또는 기타 상황으로 인해 더 큰 위험에 노출될 수 있는 개인(예: 인권옹호자)으로서 혹은 원주민을 비롯한 특정 집단이나 인구집단의 일원으로서 개인에 대한 부정적 영향에 특히 주의를 기울여야 한다. 「OECD 기업책임경영 실사 지침」(Due Diligence Guidance for Responsible Business Conduct), 「OECD 채굴 부문의 유의미한 이해관계자 참여에 관한 실사 지침」(Due Diligence Guidance on Meaningful Stakeholder Engagement in the Extractive Sector), 「OECD-FAO 책임농업공급망 지침」(Guidance for Responsible Agricultural Supply Chains)을 비롯한 여러 OECD 실사 지침에 자유의지에 따른 사전인지동의(Free, Prior and Informed Consent, FPIC) 관련 지침 등 이와 관련된 자세한 실용적 지침이 제시되어 있다. 여러 UN 문서는 원주민(UN 원주민권리선언, UNDRIP)에 대한 권리에 대해 자세히 논하고 있다."고 명시한다(해설 45).

[9] 유의미한 이해관계자 참여가 되기 위해서는, 그 참여가 양방향으로 이루어지고 선의에 기반하여 이루어지며 이해관계자의 견해에 반응하는 방식이어야 한다. 이해관계자에게는 진실하고 완전한 정보가 제공되어야 하며, 그들에게 영향을 미칠 수 있는 중대한 의사결정이 이루어지기 전에 의견을 제시할 적시의 기회가 부여되어야 한다(참조 (OECD, 2018[3])).

[10] AI 기반 제품 및 서비스를 설계할 때 이해관계자의 유의미한 참여를 어떻게 보장할 것인지에 관한 추가 정보는 「AI 개발 과정에서 외부 이해관계자의 유의미한 참여를 위한 ECNL 프레임워크」 (European Center for Not-for-Profit Law, 2023[38])를 참조.

[11] 예로는 OECD AI 인시던트 모니터(OECD AI Incidents Monitor) (OECD, 2025[28])와 OECD 국내연락사무소 이의신청 데이터베이스(OECD National Contact Point Specific Instance Database) (OECD, 2022[37])가 있다.

[12] 정보의 공개는 기업에 과도한 행징직 또는 비용 부담을 초래해서는 안 된다. 또한 정보의 공개가 투자자가 충분한 정보에 기반하여 의사결정을 내릴 수 있도록 하고 투자자 오도를 방지하는 데 필요한 경우가 아니라면, 기업이 자사의 경쟁적 지위를 위태롭게 할 수 있는 정보까지 공개할 것으로 기대되어서는 안 된다.

www.ingramcontent.com/pod-product-compliance
Lightning Source LLC
LaVergne TN
LVHW060455061126
851857LV00016B/1837